ZWEEDS

WOORDENSCHAT

THEMATISCHE WOORDENLIJST

NEDERLANDS
ZWEEDS

De meest bruikbare woorden
Om uw woordenschat uit te breiden en
uw taalvaardigheid aan te scherpen

5000 woorden

Thematische woordenschat Nederlands-Zweeds - 5000 woorden

Door Andrey Taranov

Woordenlijsten van T&P Books zijn bedoeld om u woorden van een vreemde taal te helpen leren, onthouden, en bestudering. Dit woordenboek is ingedeeld in thema's en behandelt alle belangrijk terreinen van het dagelijkse leven, bedrijven, wetenschap, cultuur, etc.

Het proces van het leren van woorden met behulp van de op thema's gebaseerde aanpak van T&P Books biedt u de volgende voordelen:

- Correct gegroepeerde informatie is bepalend voor succes bij opeenvolgende stadia van het leren van woorden
- De beschikbaarheid van woorden die van dezelfde stam zijn maakt het mogelijk om woordgroepen te onthouden (in plaats van losse woorden)
- Kleine groepen van woorden faciliteren het proces van het aanmaken van associatieve verbindingen, die nodig zijn bij het consolideren van de woordenschat
- Het niveau van talenkennis kan worden ingeschat door het aantal geleerde woorden

T&P Books Publishing
www.tpbooks.com

ISBN: 978-1-78492-365-5

Dit boek is ook beschikbaar in e-boek formaat.
Gelieve www.tpbooks.com te bezoeken of de belangrijkste online boekwinkels.

ZWEEDSE WOORDENSCHAT
nieuwe woorden leren

T&P Books woordenlijsten zijn bedoeld om u te helpen vreemde woorden te leren, te onthouden, en te bestuderen. De woordenschat bevat meer dan 5000 veel gebruikte woorden die thematisch geordend zijn.

* De woordenlijst bevat de meest gebruikte woorden
* Aanbevolen als aanvulling bij welke taalcursus dan ook
* Voldoet aan de behoeften van de beginnende en gevorderde student in vreemde talen
* Geschikt voor dagelijks gebruik, bestudering en zelftestactiviteiten
* Maakt het mogelijk om uw woordenschat te evalueren

Bijzondere kenmerken van de woordenschat

* De woorden zijn gerangschikt naar hun betekenis, niet volgens alfabet
* De woorden worden weergegeven in drie kolommen om bestudering en zelftesten te vergemakkelijken
* Woorden in groepen worden verdeeld in kleine blokken om het leerproces te vergemakkelijken
* De woordenschat biedt een handige en eenvoudige beschrijving van elk buitenlands woord

De woordenschat bevat 155 onderwerpen zoals:

Basisconcepten, getallen, kleuren, maanden, seizoenen, meeteenheden, kleding en accessoires, eten & voeding, restaurant, familieleden, verwanten, karakter, gevoelens, emoties, ziekten, stad, dorp, bezienswaardigheden, winkelen, geld, huis, thuis, kantoor, werken op kantoor, import & export, marketing, werk zoeken, sport, onderwijs, computer, internet, gereedschap, natuur, landen, nationaliteiten en meer ...

INHOUDSOPGAVE

UITSPRAAKGIDS

Letter	Zweeds voorbeeld	T&P fonetisch alfabet	Nederlands voorbeeld
Aa	bada	[ɑ], [ɑː]	acht
Bb	tabell	[b]	hebben
Cc [1]	licens	[s]	spreken, kosten
Cc [2]	container	[k]	kennen, kleur
Dd	andra	[d]	Dank u, honderd
Ee	efter	[e]	delen, spreken
Ff	flera	[f]	feestdag, informeren
Gg [3]	gömma	[j]	New York, januari
Gg [4]	truga	[g]	goal, tango
Hh	handla	[h]	het, herhalen
Ii	tillhöra	[iː], [ɪ]	team, iemand
Jj	jaga	[j]	New York, januari
Kk [5]	keramisk	[ɕ]	Chicago, jasje
Kk [6]	frisk	[k]	kennen, kleur
Ll	tal	[l]	delen, luchter
Mm	medalj	[m]	morgen, etmaal
Nn	panik	[n]	nemen, zonder
Oo	tolv	[ɔ]	aankomst, bot
Pp	plommon	[p]	parallel, koper
Qq	squash	[k]	kennen, kleur
Rr	spelregler	[r]	roepen, breken
Ss	spara	[s]	spreken, kosten
Tt	tillhöra	[t]	tomaat, taart
Uu	ungefär	[u], [ʉː]	hoed, fuut
Vv	overall	[v]	beloven, schrijven
Ww [7]	kiwi	[w]	twee, willen
Xx	sax	[ks]	links, maximaal
Yy	manikyr	[y], [yː]	neus, treurig
Zz	zoolog	[s]	spreken, kosten
Åå	sångare	[ə]	formule, wachten
Ää	tandläkare	[æ]	Nederlands Nedersaksisch - dät, Engels - cat
Öö	kompositör	[ø]	neus, beu

Lettercombinaties

Ss [8]	sjösjuka	[ʃ]	shampoo, machine
sk [9]	skicka	[ʃ]	shampoo, machine
s [10]	först	[ʃ]	shampoo, machine
Jj [11]	djärv	[j]	New York, januari

Letter	Zweeds voorbeeld	T&P fonetisch alfabet	Nederlands voorbeeld
Lj [12]	ljus	[j]	New York, januari
kj, tj	kjol	[ɕ]	Chicago, jasje
ng	omkring	[ŋ]	optelling, jongeman

Opmerkingen

* kj voornaamwoorden als
** ng draagt een nasaal geluid over
[1] voor e, i, y
[2] elders
[3] voor e, i, ä, ö
[4] elders
[5] voor e, i, ä, ö
[6] elders
[7] in leenwoorden
[8] in sj, skj, stj
[9] voor de benadrukte e, i, y, ä, ö
[10] in combinatie rs
[11] in dj, hj, gj, kj
[12] aan het begin van woorden

AFKORTINGEN
gebruikt in de woordenschat

Nederlandse afkortingen

abn	-	als bijvoeglijk naamwoord
bijv.	-	bijvoorbeeld
bn	-	bijvoeglijk naamwoord
bw	-	bijwoord
enk.	-	enkelvoud
enz.	-	enzovoort
form.	-	formele taal
inform.	-	informele taal
mann.	-	mannelijk
mil.	-	militair
mv.	-	meervoud
on.ww.	-	onovergankelijk werkwoord
ontelb.	-	ontelbaar
ov.	-	over
ov.ww.	-	overgankelijk werkwoord
telb.	-	telbaar
vn	-	voornaamwoord
vrouw.	-	vrouwelijk
vw	-	voegwoord
vz	-	voorzetsel
wisk.	-	wiskunde
ww	-	werkwoord

Nederlandse artikelen

de	-	gemeenschappelijk geslacht
de/het	-	gemeenschappelijk geslacht, onzijdig
het	-	onzijdig

Zweedse afkortingen

pl	-	meervoud

Zweedse artikelen

den	-	gemeenschappelijk geslacht
det	-	onzijdig
en	-	gemeenschappelijk geslacht
ett	-	onzijdig

BASISBEGRIPPEN

Basisbegrippen Deel 1

1. Voornaamwoorden

ik	jag	['ja:]
jij, je	du	[dʉ:]
hij	han	['han]
zij, ze	hon	['hʊn]
het	det, den	[dɛ], [dɛn]
wij, we	vi	['vi]
jullie	ni	['ni]
zij, ze	de	[de:]

2. Begroetingen. Begroetingen. Afscheid

Hallo! Dag!	Hej!	['hɛj]
Hallo!	Hej! Hallå!	['hɛj], [ha'lʲo:]
Goedemorgen!	God morgon!	[ˌgʊd 'mɔrgɔn]
Goedemiddag!	God dag!	[ˌgʊd 'dag]
Goedenavond!	God kväll!	[ˌgʊd 'kvɛlʲ]
gedag zeggen (groeten)	att hälsa	[at 'hɛlʲsa]
Hoi!	Hej!	['hɛj]
groeten (het)	hälsning (en)	['hɛlʲsniŋ]
verwelkomen (ww)	att hälsa	[at 'hɛlʲsa]
Hoe gaat het met u?	Hur står det till?	[hʉr sto: de 'tilʲ]
Hoe is het?	Hur är det?	[hʉr ɛr 'de:]
Is er nog nieuws?	Vad är nytt?	[vad æ:r 'nʏt]
Tot ziens! (form.)	Adjö! Hej då!	[a'jø:], [hɛj'do:]
Doei!	Hej då!	[hɛj'do:]
Tot snel! Tot ziens!	Vi ses!	[vi ses]
Vaarwel!	Adjö! Farväl!	[a'jø:], [far'vɛ:lʲ]
afscheid nemen (ww)	att säga adjö	[at 'sɛ:ja a'jø:]
Tot kijk!	Hej då!	[hɛj'do:]
Dank u!	Tack!	['tak]
Dank u wel!	Tack så mycket!	['tak sɔ 'mʏkə]
Graag gedaan	Varsågod	['va:ʂo:gʊd]
Geen dank!	Ingen orsak!	['iŋən 'ʊ:ʂak]
Geen moeite.	Ingen orsak!	['iŋən 'ʊ:ʂak]
Excuseer me, ... (inform.)	Ursäkta, ...	['ʉ:ˌʂɛkta ...]
Excuseer me, ... (form.)	Ursäkta mig, ...	['ʉ:ˌʂɛkta mɛj ...]

excuseren (verontschuldigen)	att ursäkta	[at 'ʉːˌʂɛkta]
zich verontschuldigen	att ursäkta sig	[at 'ʉːˌʂɛkta sɛj]
Mijn excuses.	Jag ber om ursäkt	[ja ber ɔm 'ʉːˌʂɛkt]
Het spijt me!	Förlåt!	[fœː'lʲoːt]
vergeven (ww)	att förlåta	[at 'fœːˌlʲoːta]
Maakt niet uit!	Det gör inget	[dɛ jør 'iŋet]
alsjeblieft	snälla	['snɛla]

Vergeet het niet!	Glöm inte!	['glʲøːm 'intə]
Natuurlijk!	Naturligtvis!	[na'tʉrligvis]
Natuurlijk niet!	Självklart inte!	['ɦɛlʲvklʲaʈ 'intə]
Akkoord!	OK! Jag håller med.	[ɔ'kej] , [ja 'hoːlʲer me]
Zo is het genoeg!	Det räcker!	[dɛ 'rɛkə]

3. Hoe aan te spreken

Excuseer me, ...	Ursäkta, ...	['ʉːˌʂɛkta ...]
meneer	herr	['hɛr]
mevrouw	frun	['frʉːn]
juffrouw	fröken	['frøːkən]
jongeman	unge man	['uŋə ˌman]
jongen	pojke	['pɔjkə]
meisje	flicka	['flika]

4. Kardinale getallen. Deel 1

nul	noll	['nɔlʲ]
een	ett	[ɛt]
twee	två	['tvoː]
drie	tre	['treː]
vier	fyra	['fyra]

vijf	fem	['fem]
zes	sex	['sɛks]
zeven	sju	['ɦʉː]
acht	åtta	['ota]
negen	nio	['niːʊ]

tien	tio	['tiːʊ]
elf	elva	['ɛlʲva]
twaalf	tolv	['tɔlʲv]
dertien	tretton	['trɛtɔn]
veertien	fjorton	['fjʊːʈɔn]

vijftien	femton	['fɛmtɔn]
zestien	sexton	['sɛkstɔn]
zeventien	sjutton	['ɦʉːttɔn]
achttien	arton	['aːʈɔn]
negentien	nitton	['niːttɔn]

| twintig | tjugo | ['ɕʉgʊ] |
| eenentwintig | tjugoett | ['ɕʉgʊˌɛt] |

| tweeëntwintig | tjugotvå | ['ɕʉgʉˌtvoː] |
| drieëntwintig | tjugotre | ['ɕʉgʉˌtreː] |

dertig	trettio	['trɛttiʉ]
eenendertig	trettioett	['trɛttiʉˌɛt]
tweeëndertig	trettiotvå	['trɛttiʉˌtvoː]
drieëndertig	trettiotre	['trɛttiʉˌtreː]

veertig	fyrtio	['fœːʈiʉ]
eenenveertig	fyrtioett	['fœːʈiʉˌɛt]
tweeënveertig	fyrtiotvå	['fœːʈiʉˌtvoː]
drieënveertig	fyrtiotre	['fœːʈiʉˌtreː]

vijftig	femtio	['fɛmtiʉ]
eenenvijftig	femtioett	['fɛmtiʉˌɛt]
tweeënvijftig	femtiotvå	['fɛmtiʉˌtvoː]
drieënvijftig	femtiotre	['fɛmtiʉˌtreː]

zestig	sextio	['sɛkstiʉ]
eenenzestig	sextioett	['sɛkstiʉˌɛt]
tweeënzestig	sextiotvå	['sɛkstiʉˌtvoː]
drieënzestig	sextiotre	['sɛkstiʉˌtreː]

zeventig	sjuttio	['ɧuttiʉ]
eenenzeventig	sjuttioett	['ɧuttiʉˌɛt]
tweeënzeventig	sjuttiotvå	['ɧuttiʉˌtvoː]
drieënzeventig	sjuttiotre	['ɧuttiʉˌtreː]

tachtig	åttio	['ottiʉ]
eenentachtig	åttioett	['ottiʉ'ɛt]
tweeëntachtig	åttiotvå	['ottiʉˌtvoː]
drieëntachtig	åttiotre	['ottiʉˌtreː]

negentig	nittio	['nittiʉ]
eenennegentig	nittioett	['nittiʉˌɛt]
tweeënnegentig	nittiotvå	['nittiʉˌtvoː]
drieënnegentig	nittiotre	['nittiʉˌtreː]

5. Kardinale getallen. Deel 2

honderd	hundra (ett)	['hundra]
tweehonderd	tvåhundra	['tvoːˌhundra]
driehonderd	trehundra	['treˌhundra]
vierhonderd	fyrahundra	['fyraˌhundra]
vijfhonderd	femhundra	['femˌhundra]

zeshonderd	sexhundra	['sɛksˌhundra]
zevenhonderd	sjuhundra	['ɧʉːˌhundra]
achthonderd	åttahundra	['otaˌhundra]
negenhonderd	niohundra	['niʉˌhundra]

duizend	tusen (ett)	['tʉːsən]
tweeduizend	tvåtusen	['tvoːˌtʉːsən]
drieduizend	tretusen	['treːˌtʉːsən]

tienduizend	tiotusen	['ti:ʊ̩tʉ:sən]
honderdduizend	hundratusen	['hundra̩tʉ:sən]
miljoen (het)	miljon (en)	[mi'ljʊn]
miljard (het)	miljard (en)	[mi'lja:d]

6. Ordinale getallen

eerste (bn)	första	['fœ:ʂta]
tweede (bn)	andra	['andra]
derde (bn)	tredje	['trɛdjə]
vierde (bn)	fjärde	['fjæ:ɖə]
vijfde (bn)	femte	['fɛmtə]

zesde (bn)	sjätte	['ɧæ:tə]
zevende (bn)	sjunde	['ɧundə]
achtste (bn)	åttonde	['ottɔndə]
negende (bn)	nionde	['ni:̩ʊndə]
tiende (bn)	tionde	['ti:̩ɔndə]

7. Getallen. Breuken

breukgetal (het)	bråk (ett)	['bro:k]
half	en halv	[en 'halʲv]
een derde	en tredjedel	[en 'trɛdjə̩delʲ]
kwart	en fjärdedel	[en 'fjæ:ɖe̩delʲ]

een achtste	en åttondedel	[en 'otɔnde̩delʲ]
een tiende	en tiondedel	[en 'ti:ɔnde̩delʲ]
twee derde	två tredjedelar	['tvo: 'trɛdjə̩delʲar]
driekwart	tre fjärdedelar	[tre: 'fjæ:ɖe̩delʲar]

8. Getallen. Eenvoudige berekeningen

aftrekking (de)	subtraktion (en)	[subtrak'ɧʊn]
aftrekken (ww)	att subtrahera	[at subtra'hera]
deling (de)	division (en)	[divi'ɧʊn]
delen (ww)	att dividera	[at divi'dera]
optelling (de)	addition (en)	[adi'ɧʊn]
erbij optellen (bij elkaar voegen)	att addera	[at a'de:ra]
optellen (ww)	att addera	[at a'de:ra]
vermenigvuldiging (de)	multiplikation (en)	[mʉlʲtiplika'ɧʊn]
vermenigvuldigen (ww)	att multiplicera	[at mulʲtipli'sera]

9. Getallen. Diversen

| cijfer (het) | siffra (en) | ['sifra] |
| nummer (het) | tal (ett) | ['talʲ] |

telwoord (het)	räkneord (ett)	['rɛkneˌʊːd]
minteken (het)	minus (ett)	['minus]
plusteken (het)	plus (ett)	['plʉs]
formule (de)	formel (en)	['fɔrməlʲ]

berekening (de)	beräkning (en)	[be'rɛkniŋ]
tellen (ww)	att räkna	[at 'rɛkna]
bijrekenen (ww)	att beräkna	[at be'rɛkna]
vergelijken (ww)	att jämföra	[at 'jɛmˌføra]

Hoeveel? (ontelb.)	Hur mycket?	[hʉr 'mʏkə]
Hoeveel? (telb.)	Hur många?	[hʉr 'mɔŋa]
som (de), totaal (het)	summa (en)	['suma]
uitkomst (de)	resultat (ett)	[resulʲ'tat]
rest (de)	rest (en)	['rɛst]

enkele (bijv. ~ minuten)	flera	['flʲera]
restant (het)	det övriga	[dɛ øv'riga]
anderhalf	halvannan	[halʲ'vanan]
dozijn (het)	dussin (ett)	['dusin]

middendoor (bw)	i hälften	[i 'hɛlʲftən]
even (bw)	jämnt	['jɛmnt]
helft (de)	halva (en)	['halʲˌva]
keer (de)	gång (en)	['gɔŋ]

10. De belangrijkste werkwoorden. Deel 1

aanbevelen (ww)	att rekommendera	[at rekɔmən'dera]
aandringen (ww)	att insistera	[at insi'stera]
aankomen (per auto, enz.)	att ankomma	[at 'anˌkɔma]
aanraken (ww)	att röra	[at 'røːra]
adviseren (ww)	att råda	[at 'roːda]

afdalen (on.ww.)	att gå ned	[at 'goː ˌned]
afslaan (naar rechts ~)	att svänga	[at 'svɛŋa]
antwoorden (ww)	att svara	[at 'svara]
bang zijn (ww)	att frukta	[at 'frʉkta]
bedreigen (bijv. met een pistool)	att hota	[at 'hʊta]

bedriegen (ww)	att fuska	[at 'fʉska]
beëindigen (ww)	att sluta	[at 'slʉːta]
beginnen (ww)	att begynna	[at be'jina]
begrijpen (ww)	att förstå	[at fœ:'ʂtoː]
beheren (managen)	att styra, att leda	[at 'styra], [at 'lʲeda]

| beledigen (met scheldwoorden) | att förolämpa | [at 'fœrʊˌlʲɛmpa] |

beloven (ww)	att lova	[at 'lʲova]
bereiden (koken)	att laga	[at 'lʲaga]
bespreken (spreken over)	att diskutera	[at diskʉ'tera]
bestellen (eten ~)	att beställa	[at be'stɛlʲa]
bestraffen (een stout kind ~)	att straffa	[at 'strafa]

betalen (ww)	att betala	[at be'tal'a]
betekenen (beduiden)	att betyda	[at be'tyda]
betreuren (ww)	att beklaga	[at be'kl'aga]

bevallen (prettig vinden)	att gilla	[at 'jil'a]
bevelen (mil.)	att beordra	[at be'o:dra]
bevrijden (stad, enz.)	att befria	[at be'fria]
bewaren (ww)	att behålla	[at be'ho:l'a]
bezitten (ww)	att besitta, att äga	[at be'sita], [at 'ɛ:ga]

bidden (praten met God)	att be	[at 'be:]
binnengaan (een kamer ~)	att komma in	[at 'kɔma 'in]
breken (ww)	att bryta	[at 'bryta]
controleren (ww)	att kontrollera	[at kɔntrɔ'l'era]
creëren (ww)	att skapa	[at 'skapa]

deelnemen (ww)	att delta	[at 'dɛl'ta]
denken (ww)	att tänka	[at 'tɛŋka]
doden (ww)	att döda, att mörda	[at 'dø:da], [at 'mø:da]
doen (ww)	att göra	[at 'jø:ra]
dorst hebben (ww)	att vara törstig	[at 'vara 'tø:ʂtig]

11. De belangrijkste werkwoorden. Deel 2

een hint geven	att ge en vink	[at je: en 'viŋk]
eisen (met klem vragen)	att kräva	[at 'krɛ:va]
excuseren (vergeven)	att ursäkta	[at 'ʉ:ˌʂɛkta]
existeren (bestaan)	att existera	[at ɛksi'stera]
gaan (te voet)	att gå	[at 'go:]

gaan zitten (ww)	att sätta sig	[at 'sæta sɛj]
gaan zwemmen	att bada	[at 'bada]
geven (ww)	att ge	[at je:]
glimlachen (ww)	att småle	[at 'smo:l'e]
goed raden (ww)	att gissa	[at 'jisa]

| grappen maken (ww) | att skämta, att skoja | [at 'ɧɛmta], [at 'skɔja] |
| graven (ww) | att gräva | [at 'grɛ:va] |

hebben (ww)	att ha	[at 'ha]
helpen (ww)	att hjälpa	[at 'jɛl'pa]
herhalen (opnieuw zeggen)	att upprepa	[at 'uprepa]
honger hebben (ww)	att vara hungrig	[at 'vara 'huŋrig]

hopen (ww)	att hoppas	[at 'hɔpas]
horen (waarnemen met het oor)	att höra	[at 'hø:ra]
huilen (wenen)	att gråta	[at 'gro:ta]
huren (huis, kamer)	att hyra	[at 'hyra]
informeren (informatie geven)	att informera	[at infɔr'mera]
instemmen (akkoord gaan)	att samtycka	[at 'samˌtʏka]
jagen (ww)	att jaga	[at 'jaga]
kennen (kennis hebben van iemand)	att känna	[at 'ɕɛna]

kiezen (ww)	att välja	[at 'vɛlja]
klagen (ww)	att klaga	[at 'klʲaga]
kosten (ww)	att kosta	[at 'kɔsta]
kunnen (ww)	att kunna	[at 'kuna]
lachen (ww)	att skratta	[at 'skrata]
laten vallen (ww)	att tappa	[at 'tapa]
lezen (ww)	att läsa	[at 'lʲɛ:sa]
liefhebben (ww)	att älska	[at 'ɛlʲska]
lunchen (ww)	att äta lunch	[at 'ɛ:ta ˌlʉnɕ]
nemen (ww)	att ta	[at ta]
nodig zijn (ww)	att vara behövd	[at 'vara be'hø:vd]

12. De belangrijkste werkwoorden. Deel 3

onderschatten (ww)	att underskatta	[at 'undəˌskata]
ondertekenen (ww)	att underteckna	[at 'undəˌtɛkna]
ontbijten (ww)	att äta frukost	[at 'ɛ:ta 'frʉ:kɔst]
openen (ww)	att öppna	[at 'øpna]
ophouden (ww)	att sluta	[at 'slʉ:ta]
opmerken (zien)	att märka	[at 'mæ:rka]
opscheppen (ww)	att skryta	[at 'skryta]
opschrijven (ww)	att skriva ner	[at 'skriva ner]
plannen (ww)	att planera	[at plʲa'nera]
prefereren (verkiezen)	att föredra	[at 'førədra]
proberen (trachten)	att pröva	[at 'prø:va]
redden (ww)	att rädda	[at 'rɛda]
rekenen op ...	att räkna med ...	[at 'rɛkna me ...]
rennen (ww)	att löpa, att springa	[at 'lʲø:pa], [at 'spriŋa]
reserveren	att reservera	[at resɛr'vera]
(een hotelkamer ~)		
roepen (om hulp)	att tillkalla	[at 'tilʲˌkalʲa]
schieten (ww)	att skjuta	[at 'ɧʉ:ta]
schreeuwen (ww)	att skrika	[at 'skrika]
schrijven (ww)	att skriva	[at 'skriva]
souperen (ww)	att äta kvällsmat	[at 'ɛ:ta 'kvɛlʲsˌmat]
spelen (kinderen)	att leka	[at 'lʲeka]
spreken (ww)	att tala	[at 'talʲa]
stelen (ww)	att stjäla	[at 'ɧɛ:lʲa]
stoppen (pauzeren)	att stanna	[at 'stana]
studeren (Nederlands ~)	att studera	[at stu'dera]
sturen (zenden)	att skicka	[at 'ɧika]
tellen (optellen)	att räkna	[at 'rɛkna]
toebehoren ...	att tillhöra ...	[at 'tilʲˌhø:ra ...]
toestaan (ww)	att tillåta	[at 'tilʲo:ta]
tonen (ww)	att visa	[at 'visa]
twijfelen (onzeker zijn)	att tvivla	[at 'tvivlʲa]
uitgaan (ww)	att gå ut	[at 'go: ʉt]

uitnodigen (ww)	att inbjuda, att invitera	[at in'bjʉːda], [at invi'tera]
uitspreken (ww)	att uttala	[at 'ʉtˌtalʲa]
uitvaren tegen (ww)	att skälla	[at 'ɧɛlʲa]

13. De belangrijkste werkwoorden. Deel 4

vallen (ww)	att falla	[at 'falʲa]
vangen (ww)	att fånga	[at 'foŋa]
veranderen (anders maken)	att ändra	[at 'ɛndra]
verbaasd zijn (ww)	att bli förvånad	[at bli før'voːnad]
verbergen (ww)	att gömma	[at 'jœma]

verdedigen (je land ~)	att försvara	[at fœː'ʂvara]
verenigen (ww)	att förena	[at 'førena]
vergelijken (ww)	att jämföra	[at 'jɛmˌføra]
vergeten (ww)	att glömma	[at 'glʲœma]
vergeven (ww)	att förlåta	[at 'fœːˌlʲoːta]

verklaren (uitleggen)	att förklara	[at før'klʲara]
verkopen (per stuk ~)	att sälja	[at 'sɛlja]
vermelden (praten over)	att omnämna	[at 'ɔmˌnɛmna]
versieren (decoreren)	att pryda	[at 'pryda]
vertalen (ww)	att översätta	[at 'øːveˌsæta]

vertrouwen (ww)	att lita på	[at 'lita pɔ]
vervolgen (ww)	att fortsätta	[at 'fʊtˌsæta]
verwarren (met elkaar ~)	att förväxla	[at før'vekslʲa]
verzoeken (ww)	att be	[at 'beː]
verzuimen (school, enz.)	att missa	[at 'misa]

vinden (ww)	att finna	[at 'fina]
vliegen (ww)	att flyga	[at 'flʲyga]
volgen (ww)	att följa efter ...	[at 'følja 'ɛfter ...]
voorstellen (ww)	att föreslå	[at 'førəˌslʲoː]
voorzien (verwachten)	att förutse	[at 'førʉtˌse]
vragen (ww)	att fråga	[at 'froːga]

waarnemen (ww)	att observera	[at ɔbsɛr'vera]
waarschuwen (ww)	att varna	[at 'vaːɳa]
wachten (ww)	att vänta	[at 'vɛnta]
weerspreken (ww)	att invända	[at 'inˌvɛnda]
weigeren (ww)	att vägra	[at 'vɛgra]

werken (ww)	att arbeta	[at 'arˌbeta]
weten (ww)	att veta	[at 'veta]
willen (verlangen)	att vilja	[at 'vilja]
zeggen (ww)	att säga	[at 'sɛːja]
zich haasten (ww)	att skynda sig	[at 'ɧynda sɛj]

zich interesseren voor ...	att intressera sig	[at intrɛ'sera sɛj]
zich vergissen (ww)	att göra fel	[at 'jøːra ˌfelʲ]
zich verontschuldigen	att ursäkta sig	[at 'ʉːˌsɛkta sɛj]
zien (ww)	att se	[at 'seː]
zijn (ww)	att vara	[at 'vara]

zoeken (ww)	att söka ...	[at 'sø:ka ...]
zwemmen (ww)	att simma	[at 'sima]
zwijgen (ww)	att tiga	[at 'tiga]

14. Kleuren

kleur (de)	färg (en)	['fæ:rj]
tint (de)	nyans (en)	[ny'ans]
kleurnuance (de)	färgton (en)	['fæ:rj‚tʊn]
regenboog (de)	regnbåge (en)	['rɛgn‚bo:gǝ]

wit (bn)	vit	['vit]
zwart (bn)	svart	['sva:t]
grijs (bn)	grå	['gro:]

groen (bn)	grön	['grø:n]
geel (bn)	gul	['gʉ:lʲ]
rood (bn)	röd	['rø:d]

blauw (bn)	blå	['blʲo:]
lichtblauw (bn)	ljusblå	['jʉ:s‚blʲo:]
roze (bn)	rosa	['rɔsa]
oranje (bn)	orange	[ɔ'ranʃ]
violet (bn)	violett	[viʊ'lʲet]
bruin (bn)	brun	['brʉ:n]

| goud (bn) | guld- | ['gulʲd-] |
| zilverkleurig (bn) | silver- | ['silʲver-] |

beige (bn)	beige	['bɛʃ]
roomkleurig (bn)	cremefärgad	['krɛ:m‚fæ:rjad]
turkoois (bn)	turkos	[tur'ko:s]
kersrood (bn)	körsbärsröd	['çø:‚ʂbæ:ʂ‚rø:d]
lila (bn)	lila	['lilʲa]
karmijnrood (bn)	karmosinröd	[kar'mosin‚rø:d]

licht (bn)	ljus	['jʉ:s]
donker (bn)	mörk	['mœ:rk]
fel (bn)	klar	['klʲar]

kleur-, kleurig (bn)	färg-	['fæ:rj-]
kleuren- (abn)	färg-	['fæ:rj-]
zwart-wit (bn)	svartvit	['sva:t‚vit]
eenkleurig (bn)	enfärgad	['ɛn‚fæ:rjad]
veelkleurig (bn)	mångfärgad	['mɔŋ‚fæ:rjad]

15. Vragen

Wie?	Vem?	['vem]
Wat?	Vad?	['vad]
Waar?	Var?	['var]
Waarheen?	Vart?	['va:t]

Waar ... vandaan?	Varifrån?	['varifro:n]
Wanneer?	När?	['næ:r]
Waarom?	Varför?	['va:fø:r]
Waarom?	Varför?	['va:fø:r]

Waarvoor dan ook?	För vad?	['før vad]
Hoe?	Hur?	['hɵ:r]
Wat voor ...?	Vilken?	['vilˑkən]
Welk?	Vilken?	['vilˑkən]

Aan wie?	Till vem?	[tilˑ 'vem]
Over wie?	Om vem?	[ɔm 'vem]
Waarover?	Om vad?	[ɔm 'vad]
Met wie?	Med vem?	[me 'vem]

| Hoeveel? (telb.) | Hur många? | [hɵr 'mɔŋa] |
| Van wie? (mann.) | Vems? | ['vɛms] |

16. Voorzetsels

met (bijv. ~ beleg)	med	['me]
zonder (~ accent)	utan	['ɵtan]
naar (in de richting van)	till	['tilˑ]
over (praten ~)	om	['ɔm]
voor (in tijd)	för, inför	['fø:r], ['infø:r]
voor (aan de voorkant)	framför	['framfø:r]

onder (lager dan)	under	['undər]
boven (hoger dan)	över	['ø:vər]
op (bovenop)	på	[pɔ]
van (uit, afkomstig van)	från	['frɔn]
van (gemaakt van)	av	[av]

| over (bijv. ~ een uur) | om | ['ɔm] |
| over (over de bovenkant) | över | ['ø:vər] |

17. Functiewoorden. Bijwoorden. Deel 1

Waar?	Var?	['var]
hier (bw)	här	['hæ:r]
daar (bw)	där	['dæ:r]

| ergens (bw) | någonstans | ['no:gɔnˌstans] |
| nergens (bw) | ingenstans | ['iŋənˌstans] |

| bij ... (in de buurt) | vid | ['vid] |
| bij het raam | vid fönstret | [vid 'fœnstrət] |

Waarheen?	Vart?	['va:t]
hierheen (bw)	hit	['hit]
daarheen (bw)	dit	['dit]
hiervandaan (bw)	härifrån	['hæ:riˌfro:n]

daarvandaan (bw)	därifrån	['dæ:ri̦fro:n]
dichtbij (bw)	nära	['næ:ra]
ver (bw)	långt	['lʲɔŋt]

in de buurt (van ...)	nära	['næ:ra]
vlakbij (bw)	i närheten	[i 'næ:r̦hetən]
niet ver (bw)	inte långt	['intə 'lʲɔŋt]

linker (bn)	vänster	['vɛnstər]
links (bw)	till vänster	[tilʲ 'vɛnstər]
linksaf, naar links (bw)	till vänster	[tilʲ 'vɛnstər]

rechter (bn)	höger	['hø:gər]
rechts (bw)	till höger	[tilʲ 'hø:gər]
rechtsaf, naar rechts (bw)	till höger	[tilʲ 'hø:gər]

vooraan (bw)	framtill	['framtilʲ]
voorste (bn)	främre	['frɛmrə]
vooruit (bw)	framåt	['framo:t]

achter (bw)	bakom, baktill	['bakɔm], ['bak'tilʲ]
van achteren (bw)	bakifrån	['baki̦fro:n]
achteruit (naar achteren)	tillbaka	[tilʲ'baka]

| midden (het) | mitt (en) | ['mit] |
| in het midden (bw) | i mitten | [i 'mitən] |

opzij (bw)	från sidan	[frɔn 'sidan]
overal (bw)	överallt	['ø:vər̦alʲt]
omheen (bw)	runt omkring	[runt ɔm'kriŋ]

binnenuit (bw)	inifrån	['ini̦fro:n]
naar ergens (bw)	någonstans	['no:gɔn̦stans]
rechtdoor (bw)	rakt, rakt fram	['rakt], ['rakt fram]
terug (bijv. ~ komen)	tillbaka	[tilʲ'baka]

| ergens vandaan (bw) | från var som helst | [frɔn va sɔm 'hɛlʲst] |
| ergens vandaan (en dit geld moet ~ komen) | från någonstans | [frɔn 'no:gɔn̦stans] |

ten eerste (bw)	för det första	['før de 'fœ:ʂta]
ten tweede (bw)	för det andra	['før de 'andra]
ten derde (bw)	för det tredje	['før de 'trɛdjə]

plotseling (bw)	plötsligt	['plʲøtslit]
in het begin (bw)	i början	[i 'bœrjan]
voor de eerste keer (bw)	för första gången	['før 'fœ:ʂta 'gɔŋen]
lang voor ... (bw)	långt innan ...	['lʲɔŋt 'inan ...]
opnieuw (bw)	på nytt	[pɔ 'nʏt]
voor eeuwig (bw)	för gott	[før 'gɔt]

nooit (bw)	aldrig	['alʲdrig]
weer (bw)	igen	['ijɛn]
nu (bw)	nu	['nʉ:]
vaak (bw)	ofta	['ɔfta]
toen (bw)	då	['do:]

| urgent (bw) | brådskande | ['brɔ,skandə] |
| meestal (bw) | vanligtvis | ['van,litvis] |

| trouwens, ...
(tussen haakjes) | förresten ... | [fœ:'rɛstən ...] |

mogelijk (bw)	möjligen	['mœjligən]
waarschijnlijk (bw)	sannolikt	[sanʊ'likt]
misschien (bw)	kanske	['kanฦə]
trouwens (bw)	dessutom ...	[des'ʉ:tʊm ...]
daarom ...	därför ...	['dæ:før ...]
in weerwil van ...	i trots av ...	[i 'trɔts av ...]
dankzij ...	tack vare ...	['tak ,varə ...]

wat (vn)	vad	['vad]
dat (vw)	att	[at]
iets (vn)	något	['no:gɔt]
iets	något	['no:gɔt]
niets (vn)	ingenting	['iŋəntiŋ]

wie (~ is daar?)	vem	['vem]
iemand (een onbekende)	någon	['no:gɔn]
iemand (een bepaald persoon)	någon	['no:gɔn]

niemand (vn)	ingen	['iŋən]
nergens (bw)	ingenstans	['iŋən,stans]
niemands (bn)	ingens	['iŋəns]
iemands (bn)	någons	['no:gɔns]

zo (Ik ben ~ blij)	så	['so:]
ook (evenals)	också	['ɔkso:]
alsook (eveneens)	också	['ɔkso:]

18. Functiewoorden. Bijwoorden. Deel 2

Waarom?	Varför?	['va:fø:r]
om een bepaalde reden	av någon anledning	[av 'no:gɔn 'an,lʲedniŋ]
omdat ...	därför att ...	['dæ:før at ...]
voor een bepaald doel	av någon anledning	[av 'no:gɔn 'an,lʲedniŋ]

en (vw)	och	['ɔ]
of (vw)	eller	['ɛlʲer]
maar (vw)	men	['men]
voor (vz)	för, till	['fø:r]

te (~ veel mensen)	för, alltför	['fø:r], ['alʲtfø:r]
alleen (bw)	bara, endast	['bara], ['ɛndast]
precies (bw)	precis, exakt	[prɛ'sis], [ɛk'sakt]
ongeveer (~ 10 kg)	cirka	['sirka]

omstreeks (bw)	ungefär	['uŋə,fæ:r]
bij benadering (bn)	ungefärlig	['uŋə,fæ:lʲig]
bijna (bw)	nästan	['nɛstan]
rest (de)	rest (en)	['rɛst]

de andere (tweede)	den andra	[dɛn 'andra]
ander (bn)	andre	['andrə]
elk (bn)	var	['var]
om het even welk	vilken som helst	['vilʲkən sɔm 'hɛlʲst]
veel (grote hoeveelheid)	mycken, mycket	['mʏkən], ['mʏkə]
veel mensen	många	['mɔŋa]
iedereen (alle personen)	alla	['alʲa]

in ruil voor ...	i gengäld för ...	[i 'jɛŋɛld ˌfør ...]
in ruil (bw)	i utbyte	[i 'ʉtˌbytə]
met de hand (bw)	för hand	[før 'hand]
onwaarschijnlijk (bw)	knappast	['knapast]

waarschijnlijk (bw)	sannolikt	[sanʊ'likt]
met opzet (bw)	med flit, avsiktligt	[me flit], ['avsiktlit]
toevallig (bw)	tillfälligtvis	['tilʲfɔlitvis]

zeer (bw)	mycket	['mʏkə]
bijvoorbeeld (bw)	till exempel	[tilʲ ɛk'sɛmpəl]
tussen (~ twee steden)	mellan	['mɛlʲan]
tussen (te midden van)	bland	['blʲand]
zoveel (bw)	så mycket	[sɔ 'mʏkə]
vooral (bw)	särskilt	['sæːˌʂilʲt]

Basisbegrippen Deel 2

19. Dagen van de week

maandag (de)	måndag (en)	['mɔn‚dag]
dinsdag (de)	tisdag (en)	['tis‚dag]
woensdag (de)	onsdag (en)	['ʊns‚dag]
donderdag (de)	torsdag (en)	['tʊːʂ‚dag]
vrijdag (de)	fredag (en)	['fre‚dag]
zaterdag (de)	lördag (en)	['lʲøː‚dag]
zondag (de)	söndag (en)	['sœn‚dag]

vandaag (bw)	i dag	[i 'dag]
morgen (bw)	i morgon	[i 'mɔrgɔn]
overmorgen (bw)	i övermorgon	[i 'øːvə‚mɔrgɔn]
gisteren (bw)	i går	[i 'goːr]
eergisteren (bw)	i förrgår	[i 'fœːr‚goːr]

dag (de)	dag (en)	['dag]
werkdag (de)	arbetsdag (en)	['arbets‚dag]
feestdag (de)	helgdag (en)	['hɛlj‚dag]
verlofdag (de)	ledig dag (en)	['lʲedig ‚dag]
weekend (het)	helg, veckohelg (en)	[hɛlj], ['vɛkɔ‚hɛlj]

de hele dag (bw)	hela dagen	['helʲa 'dagen]
de volgende dag (bw)	nästa dag	['nɛsta ‚dag]
twee dagen geleden	för två dagar sedan	[før ‚tvoː 'dagar 'sedan]
aan de vooravond (bw)	dagen innan	['dagen 'inan]
dag-, dagelijks (bn)	daglig	['daglig]
elke dag (bw)	varje dag	['varjə dag]

week (de)	vecka (en)	['vɛka]
vorige week (bw)	förra veckan	['fœːra 'vɛkan]
volgende week (bw)	i nästa vecka	[i 'nɛsta 'vɛka]
wekelijks (bn)	vecko-	['vɛkɔ-]
elke week (bw)	varje vecka	['varjə 'vɛka]
twee keer per week	två gångar i veckan	[tvoː 'goŋar i 'vɛkan]
elke dinsdag	varje tisdag	['varjə ‚tisdag]

20. Uren. Dag en nacht

morgen (de)	morgon (en)	['mɔrgɔn]
's morgens (bw)	på morgonen	[pɔ 'mɔrgɔnən]
middag (de)	middag (en)	['mid‚dag]
's middags (bw)	på eftermiddagen	[pɔ 'ɛftə‚midagən]

avond (de)	kväll (en)	[kvɛlʲ]
's avonds (bw)	på kvällen	[pɔ 'kvɛlʲen]

nacht (de)	natt (en)	['nat]
's nachts (bw)	om natten	[ɔm 'natən]
middernacht (de)	midnatt (en)	['mid͵nat]

seconde (de)	sekund (en)	[se'kund]
minuut (de)	minut (en)	[mi'nʉ:t]
uur (het)	timme (en)	['timə]
halfuur (het)	halvtimme (en)	['halʲv͵timə]
kwartier (het)	kvart (en)	['kva:t]
vijftien minuten	femton minuter	['fɛmtɔn mi'nʉ:tər]
etmaal (het)	dygn (ett)	['dʏgn]

zonsopgang (de)	soluppgång (en)	['sʊlʲ ͵up'gɔŋ]
dageraad (de)	gryning (en)	['gryniŋ]
vroege morgen (de)	tidig morgon (en)	['tidig 'mɔrgɔn]
zonsondergang (de)	solnedgång (en)	['sʊlʲ 'ned͵gɔŋ]

's morgens vroeg (bw)	tidigt på morgonen	['tidit pɔ 'mɔrgɔnən]
vanmorgen (bw)	i morse	[i 'mɔ:ʂə]
morgenochtend (bw)	i morgon bitti	[i 'mɔrgɔn 'biti]

vanmiddag (bw)	i eftermiddag	[i 'ɛftə͵midag]
's middags (bw)	på eftermiddagen	[pɔ 'ɛftə͵midagən]
morgenmiddag (bw)	i morgon eftermiddag	[i 'mɔrgɔn 'ɛftə͵midag]

| vanavond (bw) | i kväll | [i 'kvɛlʲ] |
| morgenavond (bw) | i morgon kväll | [i 'mɔrgɔn 'kvɛlʲ] |

klokslag drie uur	precis klockan tre	[prɛ'sis 'klʲɔkan tre:]
ongeveer vier uur	vid fyratiden	[vid 'fyra͵tidən]
tegen twaalf uur	vid klockan tolv	[vid 'klʲɔkan 'tɔlʲv]

over twintig minuten	om tjugo minuter	[ɔm 'ɕʉgɔ mi'nʉ:tər]
over een uur	om en timme	[ɔm en 'timə]
op tijd (bw)	i tid	[i 'tid]

kwart voor …	kvart i …	['kva:t i …]
binnen een uur	inom en timme	['inɔm en 'timə]
elk kwartier	varje kvart	['varjə kva:t]
de klok rond	dygnet runt	['dʏgnet ͵runt]

21. Maanden. Seizoenen

januari (de)	januari	['janu͵ari]
februari (de)	februari	[fɛbrʉ'ari]
maart (de)	mars	['ma:ʂ]
april (de)	april	[a'prilʲ]
mei (de)	maj	['maj]
juni (de)	juni	['ju:ni]

juli (de)	juli	['ju:li]
augustus (de)	augusti	[au'gusti]
september (de)	september	[sɛp'tɛmbər]
oktober (de)	oktober	[ɔk'tʊbər]

| november (de) | november | [nɔ'vɛmbər] |
| december (de) | december | [de'sɛmbər] |

lente (de)	vår (en)	['voːr]
in de lente (bw)	på våren	[pɔ 'voːrən]
lente- (abn)	vår-	['voːr-]

zomer (de)	sommar (en)	['sɔmar]
in de zomer (bw)	på sommaren	[pɔ 'sɔmarən]
zomer-, zomers (bn)	sommar-	['sɔmar-]

herfst (de)	höst (en)	['høst]
in de herfst (bw)	på hösten	[pɔ 'høstən]
herfst- (abn)	höst-	['høst-]

winter (de)	vinter (en)	['vintər]
in de winter (bw)	på vintern	[pɔ 'vintərn]
winter- (abn)	vinter-	['vintər-]

maand (de)	månad (en)	['moːnad]
deze maand (bw)	den här månaden	[dɛn hæːr 'moːnadən]
volgende maand (bw)	nästa månad	['nɛsta 'moːnad]
vorige maand (bw)	förra månaden	['fœːra 'moːnadən]

een maand geleden (bw)	för en månad sedan	['før en 'moːnad 'sedan]
over een maand (bw)	om en månad	[ɔm en 'moːnad]
over twee maanden (bw)	om två månader	[ɔm tvoː 'moːnadər]
de hele maand (bw)	en hel månad	[en helʲ 'moːnad]
een volle maand (bw)	hela månaden	['helʲa 'moːnadən]

maand-, maandelijks (bn)	månatlig	[mo'natlig]
maandelijks (bw)	månatligen	[mo'natligən]
elke maand (bw)	varje månad	['varjə ˌmoːnad]
twee keer per maand	två gånger i månaden	[tvoː 'gɔŋər i 'moːnadən]

jaar (het)	år (ett)	['oːr]
dit jaar (bw)	i år	[i 'oːr]
volgend jaar (bw)	nästa år	['nɛsta ˌoːr]
vorig jaar (bw)	i fjol, förra året	[i 'fjuːlʲ], ['fœːra 'oːret]

een jaar geleden (bw)	för ett år sedan	['før et 'oːr 'sedan]
over een jaar	om ett år	[ɔm et 'oːr]
over twee jaar	om två år	[ɔm tvoː 'oːr]
het hele jaar	ett helt år	[ɛt helʲt 'oːr]
een vol jaar	hela året	['helʲa 'oːret]

elk jaar	varje år	['varjə 'oːr]
jaar-, jaarlijks (bn)	årlig	['oːlʲig]
jaarlijks (bw)	årligen	['oːlʲigən]
4 keer per jaar	fyra gånger om året	['fyra 'gɔŋər ɔm 'oːret]

datum (de)	datum (ett)	['datum]
datum (de)	datum (ett)	['datum]
kalender (de)	almanacka (en)	['alʲmanaka]
een half jaar	halvår (ett)	['halʲvˌoːr]
zes maanden	halvår (ett)	['halʲvˌoːr]

seizoen (bijv. lente, zomer)	årstid (en)	['oːʂˌtid]
eeuw (de)	sekel (ett)	['sekəlʲ]

22. Meeteenheden

gewicht (het)	vikt (en)	['vikt]
lengte (de)	längd (en)	[lʲɛŋd]
breedte (de)	bredd (en)	['brɛd]
hoogte (de)	höjd (en)	['hœjd]
diepte (de)	djup (ett)	['jʉːp]
volume (het)	volym (en)	[vɔ'lʲym]
oppervlakte (de)	yta, areal (en)	['yta], [are'alʲ]

gram (het)	gram (ett)	['gram]
milligram (het)	milligram (ett)	['miliˌgram]
kilogram (het)	kilogram (ett)	[ɕilʲo'gram]
ton (duizend kilo)	ton (en)	['tʊn]
pond (het)	skålpund (ett)	['skoːlʲˌpund]
ons (het)	uns (ett)	['uns]

meter (de)	meter (en)	['metər]
millimeter (de)	millimeter (en)	['miliˌmetər]
centimeter (de)	centimeter (en)	[sɛnti'metər]
kilometer (de)	kilometer (en)	[ɕilʲo'metər]
mijl (de)	mil (en)	['milʲ]

duim (de)	tum (en)	['tum]
voet (de)	fot (en)	['fʊt]
yard (de)	yard (en)	['jaːd]

vierkante meter (de)	kvadratmeter (en)	[kva'dratˌmetər]
hectare (de)	hektar (ett)	[hɛk'tar]

liter (de)	liter (en)	['litər]
graad (de)	grad (en)	['grad]
volt (de)	volt (en)	['vɔlʲt]
ampère (de)	ampere (en)	[am'pɛr]
paardenkracht (de)	hästkraft (en)	['hɛstˌkraft]

hoeveelheid (de)	mängd, kvantitet (en)	['mɛnt], [kwanti'tet]
een beetje ...	få ..., inte många ...	['foː ...], ['inte 'mɔŋa ...]
helft (de)	hälft (en)	['hɛlʲft]

dozijn (het)	dussin (ett)	['dusin]
stuk (het)	stycke (ett)	['stʏkə]

afmeting (de)	storlek (en)	['stʊːlʲek]
schaal (bijv. ~ van 1 op 50)	skala (en)	['skalʲa]

minimaal (bn)	minimal	[mini'malʲ]
minste (bn)	minst	['minst]
medium (bn)	medel	['medəlʲ]
maximaal (bn)	maximal	[maksi'malʲ]
grootste (bn)	störst	['støːʂt]

23. Containers

glazen pot (de)	glasburk (en)	['gl^jas‚burk]
blik (conserven~)	burk (en)	['burk]
emmer (de)	hink (en)	['hiŋk]
ton (bijv. regenton)	tunna (en)	['tuna]

ronde waterbak (de)	tvättfat (ett)	['tvæt‚fat]
tank (bijv. watertank-70-ltr)	tank (en)	['taŋk]
heupfles (de)	plunta, fickflaska (en)	['plʉnta], ['fik‚fl^jaska]
jerrycan (de)	dunk (en)	['du:ŋk]
tank (bijv. ketelwagen)	tank (en)	['taŋk]

beker (de)	mugg (en)	['mug]
kopje (het)	kopp (en)	['kop]
schoteltje (het)	tefat (ett)	['te‚fat]
glas (het)	glas (ett)	['gl^jas]
wijnglas (het)	vinglas (ett)	['vin‚gl^jas]
steelpan (de)	kastrull, gryta (en)	[ka'strul^j], ['gryta]

fles (de)	flaska (en)	['fl^jaska]
flessenhals (de)	flaskhals (en)	['fl^jask‚hal^js]

karaf (de)	karaff (en)	[ka'raf]
kruik (de)	kanna (en) med handtag	['kana me 'han‚tag]
vat (het)	behållare (en)	[be'ho:‚l^jarə]
pot (de)	kruka (en)	['krʉka]
vaas (de)	vas (en)	['vas]

flacon (de)	flakong (en)	[fl^ja'kɔŋ]
flesje (het)	flaska (en)	['fl^jaska]
tube (bijv. ~ tandpasta)	tub (en)	['tʉ:b]

zak (bijv. ~ aardappelen)	säck (en)	['sɛk]
tasje (het)	påse (en)	['po:sə]
pakje (~ sigaretten, enz.)	paket (ett)	[pa'ket]

doos (de)	ask (en)	['ask]
kist (de)	låda (en)	['l^jo:da]
mand (de)	korg (en)	['kɔrj]

MENS

Mens. Het lichaam

24. Hoofd

hoofd (het)	huvud (ett)	['hʉːvʉd]
gezicht (het)	ansikte (ett)	['ansiktə]
neus (de)	näsa (en)	['nɛːsa]
mond (de)	mun (en)	['muːn]
oog (het)	öga (ett)	['øːga]
ogen (mv.)	ögon (pl)	['øːgɔn]
pupil (de)	pupill (en)	[pʉ'pilʲ]
wenkbrauw (de)	ögonbryn (ett)	['øːgɔnˌbryn]
wimper (de)	ögonfrans (en)	['øːgɔnˌfrans]
ooglid (het)	ögonlock (ett)	['øːgɔnˌlʲɔk]
tong (de)	tunga (en)	['tuŋa]
tand (de)	tand (en)	['tand]
lippen (mv.)	läppar (pl)	['lʲɛpar]
jukbeenderen (mv.)	kindben (pl)	['çindˌbeːn]
tandvlees (het)	tandkött (ett)	['tandˌçœt]
gehemelte (het)	gom (en)	['gʊm]
neusgaten (mv.)	näsborrar (pl)	['nɛːsˌbɔrar]
kin (de)	haka (en)	['haka]
kaak (de)	käke (en)	['çɛːkə]
wang (de)	kind (en)	['çind]
voorhoofd (het)	panna (en)	['pana]
slaap (de)	tinning (en)	['tiniŋ]
oor (het)	öra (ett)	['øːra]
achterhoofd (het)	nacke (en)	['nakə]
hals (de)	hals (en)	['halʲs]
keel (de)	strupe, hals (en)	['strʉpə], ['halʲs]
haren (mv.)	hår (pl)	['hoːr]
kapsel (het)	frisyr (en)	[fri'syr]
haarsnit (de)	klippning (en)	['klipniŋ]
pruik (de)	peruk (en)	[pe'rʉːk]
snor (de)	mustasch (en)	[mʉ'staːʃ]
baard (de)	skägg (ett)	['ɧɛg]
dragen (een baard, enz.)	att ha	[at 'ha]
vlecht (de)	fläta (en)	['flʲɛːta]
bakkebaarden (mv.)	polisonger (pl)	[poli'sɔŋer]
ros (roodachtig, rossig)	rödhårig	['røːdˌhoːrig]
grijs (~ haar)	grå	['groː]

| kaal (bn) | skallig | ['skalig] |
| kale plek (de) | flint (en) | ['flint] |

| paardenstaart (de) | hästsvans (en) | ['hɛstˌsvans] |
| pony (de) | lugg, pannlugg (en) | [lʉg], ['panˌlʉg] |

25. Menselijk lichaam

| hand (de) | hand (en) | ['hand] |
| arm (de) | arm (en) | ['arm] |

vinger (de)	finger (ett)	['fiŋər]
teen (de)	tå (en)	['to:]
duim (de)	tumme (en)	['tumə]
pink (de)	lillfinger (ett)	['lilˌfiŋər]
nagel (de)	nagel (en)	['nagəlʲ]

vuist (de)	knytnäve (en)	['knʏtˌnɛ:və]
handpalm (de)	handflata (en)	['handˌflʲata]
pols (de)	handled (en)	['handˌlʲed]
voorarm (de)	underarm (en)	['undərˌarm]
elleboog (de)	armbåge (en)	['armˌbo:gə]
schouder (de)	skuldra (en)	['skʉlʲdra]

been (rechter ~)	ben (ett)	['be:n]
voet (de)	fot (en)	['fʊt]
knie (de)	knä (ett)	['knɛ:]
kuit (de)	vad (ett)	['vad]
heup (de)	höft (en)	['hœft]
hiel (de)	häl (en)	['hɛ:lʲ]

lichaam (het)	kropp (en)	['krɔp]
buik (de)	mage (en)	['magə]
borst (de)	bröst (ett)	['brœst]
borst (de)	bröst (ett)	['brœst]
zijde (de)	sida (en)	['sida]
rug (de)	rygg (en)	['rʏg]
lage rug (de)	ländrygg (en)	['lʲɛndˌrʏg]
taille (de)	midja (en)	['midja]

navel (de)	navel (en)	['navəlʲ]
billen (mv.)	stjärtar, skinkor (pl)	['ɧæːˌʈar], ['ɧiŋkʊr]
achterwerk (het)	bak (en)	['bak]

huidvlek (de)	leverfläck (ett)	['lʲevərˌflɛk]
moedervlek (de)	födelsemärke (ett)	['fø:dəlʲsəˌmæːrkə]
tatoeage (de)	tatuering (en)	[tatʉ'eriŋ]
litteken (het)	ärr (ett)	['ær]

Kleding en accessoires

26. Bovenkleding. Jassen

kleren (mv.), kleding (de)	kläder (pl)	['klʲɛːdər]
bovenkleding (de)	ytterkläder	['ytə‚klʲɛːdər]
winterkleding (de)	vinterkläder (pl)	['vintə‚klʲɛːdər]
jas (de)	rock, kappa (en)	['rɔk], ['kapa]
bontjas (de)	päls (en)	['pɛlʲs]
bontjasje (het)	pälsjacka (en)	['pɛlʲs‚jaka]
donzen jas (de)	dunjacka (en)	['dʉːn‚jaka]
jasje (bijv. een leren ~)	jacka (en)	['jaka]
regenjas (de)	regnrock (en)	['rɛgn‚rɔk]
waterdicht (bn)	vattentät	['vatən‚tɛt]

27. Heren & dames kleding

overhemd (het)	skjorta (en)	['ʂuːʈa]
broek (de)	byxor (pl)	['byksʊr]
jeans (de)	jeans (en)	['jins]
colbert (de)	kavaj (en)	[ka'vaj]
kostuum (het)	kostym (en)	[kɔs'tym]
jurk (de)	klänning (en)	['klʲɛniŋ]
rok (de)	kjol (en)	['ɕøːlʲ]
blouse (de)	blus (en)	['blʉːs]
wollen vest (de)	stickad tröja (en)	['stikad 'trøja]
blazer (kort jasje)	dräktjacka, kavaj (en)	['drɛkt 'jaka], ['kavaj]
T-shirt (het)	T-shirt (en)	['tiːʃɔːʈ]
shorts (mv.)	shorts (en)	['ʃɔːʈs]
trainingspak (het)	träningsoverall (en)	['trɛːniŋs ɔve'rɔːlʲ]
badjas (de)	morgonrock (en)	['mɔrgɔn‚rɔk]
pyjama (de)	pyjamas (en)	[py'jamas]
sweater (de)	sweater, tröja (en)	['svitər], ['trøja]
pullover (de)	pullover (en)	[pu'lʲɔːvər]
gilet (het)	väst (en)	['vɛst]
rokkostuum (het)	frack (en)	['frak]
smoking (de)	smoking (en)	['smɔkiŋ]
uniform (het)	uniform (en)	[uni'fɔrm]
werkkleding (de)	arbetskläder (pl)	['arbets‚klʲɛːdər]
overall (de)	overall (en)	['ɔve‚rɔːlʲ]
doktersjas (de)	rock (en)	['rɔk]

28. Kleding. Ondergoed

ondergoed (het)	underkläder (pl)	['undə‚klʲɛːdər]
herenslip (de)	underbyxor (pl)	['undə‚byksʊr]
slipjes (mv.)	trosor (pl)	['trʊsʊr]
onderhemd (het)	undertröja (en)	['undə‚trøja]
sokken (mv.)	sockor (pl)	['sɔkʊr]
nachthemd (het)	nattlinne (ett)	['nat‚linə]
beha (de)	behå (en)	[be'hoː]
kniekousen (mv.)	knästrumpor (pl)	['knɛː‚strumpʊr]
panty (de)	strumpbyxor (pl)	['strump‚byksʊr]
nylonkousen (mv.)	strumpor (pl)	['strumpʊr]
badpak (het)	baddräkt (en)	['bad‚drɛkt]

29. Hoofddeksels

hoed (de)	hatt (en)	['hat]
deukhoed (de)	hatt (en)	['hat]
honkbalpet (de)	baseballkeps (en)	['bejsbɔlʲ keps]
kleppet (de)	keps (en)	['keps]
baret (de)	basker (en)	['baskər]
kap (de)	luva, kapuschong (en)	['lʉːva], [kapʉ'ʃɔːŋ]
panamahoed (de)	panamahatt (en)	['panama‚hat]
gebreide muts (de)	luva (en)	['lʉːva]
hoofddoek (de)	sjalett (en)	[ʃa'lʲet]
dameshoed (de)	hatt (en)	['hat]
veiligheidshelm (de)	hjälm (en)	['jɛlʲm]
veldmuts (de)	båtmössa (en)	['bɔt‚mœsa]
helm, valhelm (de)	hjälm (en)	['jɛlʲm]
bolhoed (de)	plommonstop (ett)	['plʲumɔn‚stʊp]
hoge hoed (de)	hög hatt, cylinder (en)	['høːg ‚hat], [sy'lindər]

30. Schoeisel

schoeisel (het)	skodon (pl)	['skʊdʊn]
schoenen (mv.)	skor (pl)	['skʊr]
vrouwenschoenen (mv.)	damskor (pl)	['dam‚skʊr]
laarzen (mv.)	stövlar (pl)	['støvlʲar]
pantoffels (mv.)	tofflor (pl)	['tɔflʲʊr]
sportschoenen (mv.)	tennisskor (pl)	['tɛnis‚skʊr]
sneakers (mv.)	canvas skor (pl)	['kanvas ‚skʊr]
sandalen (mv.)	sandaler (pl)	[san'dalʲer]
schoenlapper (de)	skomakare (en)	['skʊ‚makarə]
hiel (de)	klack (en)	['klʲak]

paar (een ~ schoenen)	par (ett)	['par]
veter (de)	skosnöre (ett)	['skʊˌsnøːrə]
rijgen (schoenen ~)	att snöra	[at 'snøːra]
schoenlepel (de)	skohorn (ett)	['skʊˌhʊːn]
schoensmeer (de/het)	skokräm (en)	['skʊˌkrɛm]

31. Persoonlijke accessoires

handschoenen (mv.)	handskar (pl)	['hanskar]
wanten (mv.)	vantar (pl)	['vantar]
sjaal (fleece ~)	halsduk (en)	['halʲsˌdɵːk]

bril (de)	glasögon (pl)	['glʲasˌøːgɔn]
brilmontuur (het)	båge (en)	['boːgə]
paraplu (de)	paraply (ett)	[para'plʲy]
wandelstok (de)	käpp (en)	['ɕɛp]
haarborstel (de)	hårborste (en)	['hoːrˌboːʂtə]
waaier (de)	solfjäder (en)	['sʊlʲˌfjɛːdər]

das (de)	slips (en)	['slips]
strikje (het)	fluga (en)	['flɵːga]
bretels (mv.)	hängslen (pl)	['hɛŋslʲən]
zakdoek (de)	näsduk (en)	['nɛsˌdɵk]

kam (de)	kam (en)	['kam]
haarspeldje (het)	hårklämma (ett)	['hoːrˌklʲɛma]
schuifspeldje (het)	hårnål (en)	['hoːˌɳoːlʲ]
gesp (de)	spänne (ett)	['spɛnə]

| broekriem (de) | bälte (ett) | ['bɛlʲtə] |
| draagriem (de) | rem (en) | ['rem] |

handtas (de)	väska (en)	['vɛska]
damestas (de)	damväska (en)	['damˌvɛska]
rugzak (de)	ryggsäck (en)	['rʏgˌsɛk]

32. Kleding. Diversen

mode (de)	mode (ett)	['mʊdə]
de mode (bn)	modern	[mʊ'dɛːn]
kledingstilist (de)	modedesigner (en)	['mʊdə de'sajnər]

kraag (de)	krage (en)	['kragə]
zak (de)	ficka (en)	['fika]
zak- (abn)	fick-	['fik-]
mouw (de)	ärm (en)	['æːrm]
lusje (het)	hängband (ett)	['hɛŋ band]
gulp (de)	gylf (en)	['gylʲf]

rits (de)	blixtlås (ett)	['blikstˌlʲoːs]
sluiting (de)	knäppning (en)	['knɛpniŋ]
knoop (de)	knapp (en)	['knap]

| knoopsgat (het) | knapphål (ett) | ['knap,ho:lʲ] |
| losraken (bijv. knopen) | att lossna | [at 'lʲɔsna] |

naaien (kleren, enz.)	att sy	[at sy]
borduren (ww)	att brodera	[at brʊ'dera]
borduursel (het)	broderi (ett)	[brʊde'ri:]
naald (de)	synål (en)	['sy,no:lʲ]
draad (de)	tråd (en)	['tro:d]
naad (de)	söm (en)	['sø:m]

vies worden (ww)	att smutsa ned sig	[at 'smutsa ned sɛj]
vlek (de)	fläck (en)	['flʲɛk]
gekreukt raken (ov. kleren)	att bli skrynklig	[at bli 'skrʏŋklig]
scheuren (ov.ww.)	att riva	[at 'riva]
mot (de)	mal (en)	['malʲ]

33. Persoonlijke verzorging. Schoonheidsmiddelen

tandpasta (de)	tandkräm (en)	['tand,krɛm]
tandenborstel (de)	tandborste (en)	['tand,bɔ:ʂtə]
tanden poetsen (ww)	att borsta tänderna	[at 'bɔ:ʂta 'tɛndɛ:ɳa]

scheermes (het)	hyvel (en)	['hyvəlʲ]
scheerschuim (het)	rakkräm (en)	['rak,krɛm]
zich scheren (ww)	att raka sig	[at 'raka sɛj]

| zeep (de) | tvål (en) | ['tvo:lʲ] |
| shampoo (de) | schampo (ett) | ['ɧam,pʊ] |

schaar (de)	sax (en)	['saks]
nagelvijl (de)	nagelfil (en)	['nagəlʲ,filʲ]
nagelknipper (de)	nageltång (en)	['nagəlʲ,tɔŋ]
pincet (het)	pincett (en)	[pin'sɛt]

cosmetica (de)	kosmetika (en)	[kɔs'mɛtika]
masker (het)	ansiktsmask (en)	[an'sikts,mask]
manicure (de)	manikyr (en)	[mani'kyr]
manicure doen	att få manikyr	[at fo: mani'kyr]
pedicure (de)	pedikyr (en)	[pedi'kyr]

cosmetica tasje (het)	kosmetikväska (en)	[kɔsmɛ'tik,vɛska]
poeder (de/het)	puder (ett)	['pʉ:dər]
poederdoos (de)	puderdosa (en)	['pʉ:dɛ,dˌo:sa]
rouge (de)	rouge (ett)	['ru:ʃ]

parfum (de/het)	parfym (en)	[par'fym]
eau de toilet (de)	eau de toilette (en)	['ɔ:detua,lʲet]
lotion (de)	rakvatten (ett)	['rak,vatən]
eau de cologne (de)	eau de cologne (en)	['ɔ:dekɔ,lʲɔɳʲ]

oogschaduw (de)	ögonskugga (en)	['ø:gɔn,skuga]
oogpotlood (het)	ögonpenna (en)	['ø:gɔn,pɛna]
mascara (de)	mascara (en)	[ma'skara]
lippenstift (de)	läppstift (ett)	['lʲɛp,stift]

nagellak (de)	nagellack (ett)	['nagəlˌlʲak]
haarlak (de)	hårspray (en)	['hoːrˌsprɛj]
deodorant (de)	deodorant (en)	[deʊdʊ'rant]

crème (de)	kräm (en)	['krɛm]
gezichtscrème (de)	ansiktskräm (en)	[an'siktsˌkrɛm]
handcrème (de)	handkräm (en)	['handˌkrɛm]
antirimpelcrème (de)	anti-rynkor kräm (en)	['antiˌrʏŋkʊr 'krɛm]
dagcrème (de)	dagkräm (en)	['dagˌkrɛm]
nachtcrème (de)	nattkräm (en)	['natˌkrɛm]
dag- (abn)	dag-	['dag-]
nacht- (abn)	natt-	['nat-]

tampon (de)	tampong (en)	[tam'pɔŋ]
toiletpapier (het)	toalettpapper (ett)	[tʊa'lʲetˌpapər]
föhn (de)	hårtork (en)	['hoːˌtʊrk]

34. Horloges. Klokken

polshorloge (het)	armbandsur (ett)	['armbandsˌʉːr]
wijzerplaat (de)	urtavla (en)	['ʉːˌtavlʲa]
wijzer (de)	visare (en)	['visarə]
metalen horlogeband (de)	armband (ett)	['armˌband]
horlogebandje (het)	armband (ett)	['armˌband]

batterij (de)	batteri (ett)	[batɛ'riː]
leeg zijn (ww)	att bli urladdad	[at bli 'ʉːˌlʲadad]
batterij vervangen	att byta batteri	[at 'byta batɛ'riː]
voorlopen (ww)	att gå för fort	[at 'goː før 'foːt]
achterlopen (ww)	att gå för långsamt	[at 'goː før 'lʲoŋˌsamt]

wandklok (de)	väggklocka (en)	['vɛgˌklʲɔka]
zandloper (de)	sandklocka (en)	['sandˌklʲɔka]
zonnewijzer (de)	solklocka (en)	['sʊlʲˌklʲɔka]
wekker (de)	väckarklocka (en)	['vɛkarˌklʲɔka]
horlogemaker (de)	urmakare (en)	['ʉrˌmakarə]
repareren (ww)	att reparera	[at repa'rera]

Voedsel. Voeding

35. Voedsel

vlees (het)	kött (ett)	['ɕœt]
kip (de)	höna (en)	['hø:na]
kuiken (het)	kyckling (en)	['ɕyklin]
eend (de)	anka (en)	['aŋka]
gans (de)	gås (en)	['go:s]
wild (het)	vilt (ett)	['vilʲt]
kalkoen (de)	kalkon (en)	[kalʲ'kʊn]
varkensvlees (het)	fläsk (ett)	['flʲɛsk]
kalfsvlees (het)	kalvkött (en)	['kalʲv,ɕœt]
schapenvlees (het)	lammkött (ett)	['lʲam,ɕœt]
rundvlees (het)	oxkött, nötkött (ett)	['ʊks,ɕœt], ['nø:t,ɕœt]
konijnenvlees (het)	kanin (en)	[ka'nin]
worst (de)	korv (en)	['kɔrv]
saucijs (de)	wienerkorv (en)	['viŋɛr,kɔrv]
spek (het)	bacon (ett)	['bɛjkɔn]
ham (de)	skinka (en)	['ɧiŋka]
gerookte achterham (de)	skinka (en)	['ɧiŋka]
paté, pastei (de)	paté (en)	[pa'te]
lever (de)	lever (en)	['lʲevər]
gehakt (het)	köttfärs (en)	['ɕœt,fæ:ʂ]
tong (de)	tunga (en)	['tuŋa]
ei (het)	ägg (ett)	['ɛg]
eieren (mv.)	ägg (pl)	['ɛg]
eiwit (het)	äggvita (en)	['ɛg,vi:ta]
eigeel (het)	äggula (en)	['ɛg,ʉ:lʲa]
vis (de)	fisk (en)	['fisk]
zeevruchten (mv.)	fisk och skaldjur	['fisk ɔ 'skalʲ,jʉ:r]
schaaldieren (mv.)	kräftdjur (pl)	['krɛft,ju:r]
kaviaar (de)	kaviar (en)	['kav,jar]
krab (de)	krabba (en)	['kraba]
garnaal (de)	räka (en)	['rɛ:ka]
oester (de)	ostron (ett)	['ʊstrʊn]
langoest (de)	languster (en)	[lʲaŋ'gustər]
octopus (de)	bläckfisk (en)	['blʲɛk,fisk]
inktvis (de)	bläckfisk (en)	['blʲɛk,fisk]
steur (de)	stör (en)	['stø:r]
zalm (de)	lax (en)	['lʲaks]
heilbot (de)	hälleflundra (en)	['hɛlʲe,flʉndra]
kabeljauw (de)	torsk (en)	['tɔ:ʂk]

makreel (de)	makrill (en)	['makrilʲ]
tonijn (de)	tonfisk (en)	['tʊnˌfisk]
paling (de)	ål (en)	['oːlʲ]

forel (de)	öring (en)	['øːriŋ]
sardine (de)	sardin (en)	[saːˈdʲiːn]
snoek (de)	gädda (en)	['jɛda]
haring (de)	sill (en)	['silʲ]

brood (het)	bröd (ett)	['brøːd]
kaas (de)	ost (en)	['ʊst]
suiker (de)	socker (ett)	['sɔkər]
zout (het)	salt (ett)	['salʲt]

rijst (de)	ris (ett)	['ris]
pasta (de)	pasta (en), makaroner (pl)	['pasta], [makaˈrʊnər]
noedels (mv.)	nudlar (pl)	['nʉːdlʲar]

boter (de)	smör (ett)	['smœːr]
plantaardige olie (de)	vegetabilisk olja (en)	[vegetaˈbilisk 'ɔlja]
zonnebloemolie (de)	solrosolja (en)	['sʊlʲrʊsˌɔlja]
margarine (de)	margarin (ett)	[margaˈrin]

olijven (mv.)	oliver (pl)	[ʊˈliver]
olijfolie (de)	olivolja (en)	[ʊˈlivˌɔlja]

melk (de)	mjölk (en)	['mjœlʲk]
gecondenseerde melk (de)	kondenserad mjölk (en)	[kɔndɛnˈserad ˌmjœlʲk]
yoghurt (de)	yoghurt (en)	['joːgʉːt]
zure room (de)	gräddfil, syrad grädden (en)	['grɛdfilʲ], [syrad 'gredən]
room (de)	grädde (en)	['grɛdə]

mayonaise (de)	majonnäs (en)	[majoˈnɛs]
crème (de)	kräm (en)	['krɛm]

graan (het)	gryn (en)	['gryn]
meel (het), bloem (de)	mjöl (ett)	['mjøːlʲ]
conserven (mv.)	konserv (en)	[kɔnˈsɛrv]

maïsvlokken (mv.)	cornflakes (pl)	['koːɳˌflɛjks]
honing (de)	honung (en)	['hɔnuŋ]
jam (de)	sylt, marmelad (en)	['sylʲt], [marmeˈlʲad]
kauwgom (de)	tuggummi (ett)	['tugˌgumi]

36. Drankjes

water (het)	vatten (ett)	['vatən]
drinkwater (het)	dricksvatten (ett)	['driksˌvatən]
mineraalwater (het)	mineralvatten (ett)	[mineˈralʲˌvatən]

zonder gas	icke kolsyrat	['ikə 'kɔlʲˌsyrat]
koolzuurhoudend (bn)	kolsyrat	['kɔlʲˌsyrat]
bruisend (bn)	kolsyrat	['kɔlʲˌsyrat]

IJs (het)	is (en)	['is]
met ijs	med is	[me 'is]

alcohol vrij (bn)	alkoholfri	[alʲkuˈholʲˌfriː]
alcohol vrije drank (de)	alkoholfri dryck (en)	[alʲkuˈholʲfri 'drʏk]
frisdrank (de)	läskedryck (en)	['lɛskəˌdrik]
limonade (de)	lemonad (en)	[lʲemɔ'nad]

alcoholische dranken (mv.)	alkoholhaltiga drycker (pl)	[alʲkuˈholʲˌhalʲtiga 'drʏkər]
wijn (de)	vin (ett)	['vin]
witte wijn (de)	vitvin (ett)	['vitˌvin]
rode wijn (de)	rödvin (ett)	['røːdˌvin]

likeur (de)	likör (en)	[li'køːr]
champagne (de)	champagne (en)	[ɧam'panʲ]
vermout (de)	vermouth (en)	['vɛrmut]

whisky (de)	whisky (en)	['viski]
wodka (de)	vodka (en)	['vodka]
gin (de)	gin (ett)	['dʒin]
cognac (de)	konjak (en)	['kɔnʲak]
rum (de)	rom (en)	['rɔm]

koffie (de)	kaffe (ett)	['kafə]
zwarte koffie (de)	svart kaffe (ett)	['svaːʈ 'kafə]
koffie (de) met melk	kaffe med mjölk (ett)	['kafə me mjœlʲk]
cappuccino (de)	cappuccino (en)	['kaputʃinu]
oploskoffie (de)	snabbkaffe (ett)	['snabˌkafə]

melk (de)	mjölk (en)	['mjœlʲk]
cocktail (de)	cocktail (en)	['kɔktɛjlʲ]
milkshake (de)	milkshake (en)	['milʲkˌʃɛjk]

sap (het)	juice (en)	['juːs]
tomatensap (het)	tomatjuice (en)	[tuˈmatˌjuːs]
sinaasappelsap (het)	apelsinjuice (en)	[apɛlʲˈsinˌjuːs]
vers geperst sap (het)	nypressad juice (en)	['nʏˌprɛsad 'juːs]

bier (het)	öl (ett)	['øːlʲ]
licht bier (het)	ljust öl (ett)	['juːstˌøːlʲ]
donker bier (het)	mörkt öl (ett)	['mœːrkt ˌøːlʲ]

thee (de)	te (ett)	['teː]
zwarte thee (de)	svart te (ett)	['svaːʈ ˌteː]
groene thee (de)	grönt te (ett)	['grœnt teː]

37. Groenten

groenten (mv.)	grönsaker (pl)	['grøːnˌsakər]
verse kruiden (mv.)	grönsaker (pl)	['grøːnˌsakər]

tomaat (de)	tomat (en)	[tuˈmat]
augurk (de)	gurka (en)	['gurka]
wortel (de)	morot (en)	['muˌrut]

aardappel (de)	potatis (en)	[pʊ'tatis]
ui (de)	lök (en)	['lʲøːk]
knoflook (de)	vitlök (en)	['vit͜ˌlʲøːk]

kool (de)	kål (en)	['koːlʲ]
bloemkool (de)	blomkål (en)	['blʲʊmˌkoːlʲ]
spruitkool (de)	brysselkål (en)	['brʏsɛlʲˌkoːlʲ]
broccoli (de)	broccoli (en)	['brɔkɔli]

rode biet (de)	rödbeta (en)	['røːdˌbeta]
aubergine (de)	aubergine (en)	[ɔbɛr'ʒin]
courgette (de)	squash, zucchini (en)	['skvɔːɕ], [su'kini]
pompoen (de)	pumpa (en)	['pumpa]
raap (de)	rova (en)	['rʊva]

peterselie (de)	persilja (en)	[pɛ'ʂilja]
dille (de)	dill (en)	['dilʲ]
sla (de)	sallad (en)	['salʲad]
selderij (de)	selleri (en)	['sɛlʲeri]
asperge (de)	sparris (en)	['sparis]
spinazie (de)	spenat (en)	[spe'nat]

erwt (de)	ärter (pl)	['æːt̪ər]
bonen (mv.)	bönor (pl)	['bønʊr]
maïs (de)	majs (en)	['majs]
boon (de)	böna (en)	['bøna]

peper (de)	peppar (en)	['pɛpar]
radijs (de)	rädisa (en)	['rɛːdisa]
artisjok (de)	kronärtskocka (en)	['krʊnæːt̪ˌskɔka]

38. Vruchten. Noten

vrucht (de)	frukt (en)	['frʉkt]
appel (de)	äpple (ett)	['ɛplʲe]
peer (de)	päron (ett)	['pæːrɔn]
citroen (de)	citron (en)	[si'trʊn]
sinaasappel (de)	apelsin (en)	[apɛlʲ'sin]
aardbei (de)	jordgubbe (en)	['jʉːdˌgubə]

mandarijn (de)	mandarin (en)	[manda'rin]
pruim (de)	plommon (ett)	['plʲʊmɔn]
perzik (de)	persika (en)	['pɛʂika]
abrikoos (de)	aprikos (en)	[apri'kʊs]
framboos (de)	hallon (ett)	['halʲɔn]
ananas (de)	ananas (en)	['ananas]

banaan (de)	banan (en)	['banan]
watermeloen (de)	vattenmelon (en)	['vatənˌme'lʲʊn]
druif (de)	druva (en)	['drʉːva]
zure kers (de)	körsbär (ett)	['ɕøːʂˌbæːr]
zoete kers (de)	fågelbär (ett)	['foːgəlʲˌbæːr]
meloen (de)	melon (en)	[me'lʲʊn]
grapefruit (de)	grapefrukt (en)	['grɛjpˌfrʉkt]

avocado (de)	avokado (en)	[avɔ'kadʊ]
papaja (de)	papaya (en)	[pa'paja]
mango (de)	mango (en)	['maŋgʊ]
granaatappel (de)	granatäpple (en)	[gra'natˌɛplʲe]

rode bes (de)	röda vinbär (ett)	['rø:da 'vinbæ:r]
zwarte bes (de)	svarta vinbär (ett)	['svaˌʈa 'vinbæ:r]
kruisbes (de)	krusbär (ett)	['krʉːsˌbæ:r]
bosbes (de)	blåbär (ett)	['blʲo:ˌbæ:r]
braambes (de)	björnbär (ett)	['bjø:ɳˌbæ:r]

rozijn (de)	russin (ett)	['rusin]
vijg (de)	fikon (ett)	['fikɔn]
dadel (de)	dadel (en)	['dadəlʲ]

pinda (de)	jordnöt (en)	['jʊːɖˌnø:t]
amandel (de)	mandel (en)	['mandəlʲ]
walnoot (de)	valnöt (en)	['valʲˌnø:t]
hazelnoot (de)	hasselnöt (en)	['hasəlʲˌnø:t]
kokosnoot (de)	kokosnöt (en)	['kʊkʊsˌnø:t]
pistaches (mv.)	pistaschnötter (pl)	['pistaʃˌnœtər]

39. Brood. Snoep

suikerbakkerij (de)	konditorivaror (pl)	[kɔndɪtʊ'ri:ˌvarʊr]
brood (het)	bröd (ett)	['brø:d]
koekje (het)	småkakor (pl)	['smo:kakʊr]

chocolade (de)	choklad (en)	[ʃɔk'lʲad]
chocolade- (abn)	choklad-	[ʃɔk'lʲad-]
snoepje (het)	konfekt, karamell (en)	[kɔn'fɛkt], [kara'mɛlʲ]
cakeje (het)	kaka, bakelse (en)	['kaka], ['bakəlʲsə]
taart (bijv. verjaardags~)	tårta (en)	['to:ʈa]

| pastei (de) | paj (en) | ['paj] |
| vulling (de) | fyllning (en) | ['fylʲniŋ] |

confituur (de)	sylt (en)	['sylʲt]
marmelade (de)	marmelad (en)	[marme'lʲad]
wafel (de)	våffle (en)	['vɔflʲe]
IJsje (het)	glass (en)	['glʲas]
pudding (de)	pudding (en)	['pudiŋ]

40. Bereide gerechten

gerecht (het)	rätt (en)	['ræt]
keuken (bijv. Franse ~)	kök (ett)	['ɕø:k]
recept (het)	recept (ett)	[re'sɛpt]
portie (de)	portion (en)	[pɔ:ʈ'ʂʊn]

| salade (de) | sallad (en) | ['salʲad] |
| soep (de) | soppa (en) | ['sɔpa] |

bouillon (de)	buljong (en)	[buˈljɔŋ]
boterham (de)	smörgås (en)	[ˈsmœrˌgoːs]
spiegelei (het)	stekt ägg (en)	[ˈstɛkt ˌɛg]

hamburger (de)	hamburgare (en)	[ˈhamburgarə]
biefstuk (de)	biffstek (en)	[ˈbifˌstɛk]

garnering (de)	tillbehör (ett)	[ˈtilʲbeˌhør]
spaghetti (de)	spagetti	[spaˈgɛti]
aardappelpuree (de)	potatismos (ett)	[pʊˈtatisˌmʊs]
pizza (de)	pizza (en)	[ˈpitsa]
pap (de)	gröt (en)	[ˈgrøːt]
omelet (de)	omelett (en)	[ɔməˈlʲet]

gekookt (in water)	kokt	[ˈkʊkt]
gerookt (bn)	rökt	[ˈrœkt]
gebakken (bn)	stekt	[ˈstɛkt]
gedroogd (bn)	torkad	[ˈtɔrkad]
diepvries (bn)	fryst	[ˈfrʏst]
gemarineerd (bn)	sylt-	[ˈsylʲt-]

zoet (bn)	söt	[ˈsøːt]
gezouten (bn)	salt	[ˈsalʲt]
koud (bn)	kall	[ˈkalʲ]
heet (bn)	het, varm	[ˈhet], [ˈvarm]
bitter (bn)	bitter	[ˈbitər]
lekker (bn)	läcker	[ˈlʲɛkər]

koken (in kokend water)	att koka	[at ˈkʊka]
bereiden (avondmaaltijd ~)	att laga	[at ˈlʲaga]
bakken (ww)	att steka	[at ˈsteka]
opwarmen (ww)	att värma upp	[at ˈvæːrma up]

zouten (ww)	att salta	[at ˈsalʲta]
peperen (ww)	att peppra	[at ˈpepra]
raspen (ww)	att riva	[at ˈriva]
schil (de)	skal (ett)	[ˈskalʲ]
schillen (ww)	att skala	[at ˈskalʲa]

41. Kruiden

zout (het)	salt (ett)	[ˈsalʲt]
gezouten (bn)	salt	[ˈsalʲt]
zouten (ww)	att salta	[at ˈsalʲta]

zwarte peper (de)	svartpeppar (en)	[ˈsvaːtˌpɛpar]
rode peper (de)	rödpeppar (en)	[ˈrøːdˌpɛpar]
mosterd (de)	senap (en)	[ˈseːnap]
mierikswortel (de)	pepparrot (en)	[ˈpɛpaˌrʊt]

condiment (het)	krydda (en)	[ˈkrʏda]
specerij , kruiderij (de)	krydda (en)	[ˈkrʏda]
saus (de)	sås (en)	[ˈsoːs]
azijn (de)	ättika (en)	[ˈætika]

anijs (de)	anis (en)	['anis]
basilicum (de)	basilika (en)	[ba'silika]
kruidnagel (de)	nejlika (en)	['nɛjlika]
gember (de)	ingefära (en)	['inɘˌfæːra]
koriander (de)	koriander (en)	[kɔri'andɘr]
kaneel (de/het)	kanel (en)	[ka'nelʲ]

sesamzaad (het)	sesam (en)	['sesam]
laurierblad (het)	lagerblad (ett)	['lʲagerˌblʲad]
paprika (de)	paprika (en)	['paprika]
komijn (de)	kummin (en)	['kumin]
saffraan (de)	saffran (en)	['safran]

42. Maaltijden

eten (het)	mat (en)	['mat]
eten (ww)	att äta	[at 'ɛːta]

ontbijt (het)	frukost (en)	['frʉːkɔst]
ontbijten (ww)	att äta frukost	[at 'ɛːta 'frʉːkɔst]
lunch (de)	lunch (en)	['lʉnɕ]
lunchen (ww)	att äta lunch	[at 'ɛːta ˌlʉnɕ]
avondeten (het)	kvällsmat (en)	['kvɛlʲsˌmat]
souperen (ww)	att äta kvällsmat	[at 'ɛːta 'kvɛlʲsˌmat]

eetlust (de)	aptit (en)	['aptit]
Eet smakelijk!	Smaklig måltid!	['smaklig 'moːlʲtid]

openen (een fles ~)	att öppna	[at 'øpna]
morsen (koffie, enz.)	att spilla	[at 'spilʲa]
zijn gemorst	att spillas ut	[at 'spilʲas ʉt]

koken (water kookt bij 100°C)	att koka	[at 'kʊka]
koken (Hoe om water te ~)	att koka	[at 'kʊka]
gekookt (~ water)	kokt	['kʊkt]
afkoelen (koeler maken)	att avkyla	[at 'avˌɕylʲa]
afkoelen (koeler worden)	att avkylas	[at 'avˌɕylʲas]

smaak (de)	smak (en)	['smak]
nasmaak (de)	bismak (en)	['bismak]

volgen een dieet	att vara på diet	[at 'vara pɔ di'et]
dieet (het)	diet (en)	[di'et]
vitamine (de)	vitamin (ett)	[vita'min]
calorie (de)	kalori (en)	[kalʲɔ'riː]
vegetariër (de)	vegetarian (en)	[vegɘtiri'an]
vegetarisch (bn)	vegetarisk	[vege'tarisk]

vetten (mv.)	fett (ett)	['fɛt]
eiwitten (mv.)	proteiner (pl)	[prɔte'iːnɘr]
koolhydraten (mv.)	kolhydrater (pl)	['kɔlʲhʏˌdratɘr]
snede (de)	skiva (en)	['ɦiva]
stuk (bijv. een ~ taart)	bit (en)	['bit]
kruimel (de)	smula (en)	['smʉlʲa]

43. Tafelschikking

lepel (de)	sked (en)	['ɧed]
mes (het)	kniv (en)	['kniv]
vork (de)	gaffel (en)	['gafəlʲ]

kopje (het)	kopp (en)	['kop]
bord (het)	tallrik (en)	['talʲrik]
schoteltje (het)	tefat (ett)	['te͵fat]
servet (het)	servett (en)	[sɛr'vɛt]
tandenstoker (de)	tandpetare (en)	['tand͵petarə]

44. Restaurant

restaurant (het)	restaurang (en)	[rɛstɔ'raŋ]
koffiehuis (het)	kafé (ett)	[ka'fe:]
bar (de)	bar (en)	['bar]
tearoom (de)	tehus (ett)	['te:͵hʉs]

kelner, ober (de)	servitör (en)	[sɛrvi'tø:r]
serveerster (de)	servitris (en)	[sɛrvi'tris]
barman (de)	bartender (en)	['ba:͵tɛndər]

menu (het)	meny (en)	[me'ny]
wijnkaart (de)	vinlista (en)	['vin͵lista]
een tafel reserveren	att reservera bord	[at resɛr'vera bʉ:ɖ]

gerecht (het)	rätt (en)	['ræt]
bestellen (eten ~)	att beställa	[at be'stɛlʲa]
een bestelling maken	att beställa	[at be'stɛlʲa]

aperitief (de/het)	aperitif (en)	[aperi'tif]
voorgerecht (het)	förrätt (en)	['fœ:ræt]
dessert (het)	dessert (en)	[dɛ'sɛ:r]

rekening (de)	nota (en)	['nʉta]
de rekening betalen	att betala notan	[at be'talʲa 'nʉtan]
wisselgeld teruggeven	att ge tillbaka växel	[at je: tilʲ'baka 'vɛksəlʲ]
fooi (de)	dricks (en)	['driks]

Familie, verwanten en vrienden

45. Persoonlijke informatie. Formulieren

naam (de)	namn (ett)	['namn]
achternaam (de)	efternamn (ett)	['ɛftə‚namn]
geboortedatum (de)	födelsedatum (ett)	['fø:dəlˈsə‚datum]
geboorteplaats (de)	födelseort (en)	['fø:dəlˈsə‚ɔ:t]
nationaliteit (de)	nationalitet (en)	[natɧʊnaliˈtet]
woonplaats (de)	bostadsort (en)	['bostads‚ɔ:t]
land (het)	land (ett)	['lʲand]
beroep (het)	yrke (ett), profession (en)	['yrkə], [prɔfeˈɧun]
geslacht (ov. het vrouwelijk ~)	kön (ett)	['çø:n]
lengte (de)	höjd (en)	['hœjd]
gewicht (het)	vikt (en)	['vikt]

46. Familieleden. Verwanten

moeder (de)	mor (en)	['mʊr]
vader (de)	far (en)	['far]
zoon (de)	son (en)	['sɔn]
dochter (de)	dotter (en)	['dɔtər]
jongste dochter (de)	yngsta dotter (en)	['yŋsta 'dɔtər]
jongste zoon (de)	yngste son (en)	['yŋstə sɔn]
oudste dochter (de)	äldsta dotter (en)	['ɛlʲsta 'dɔtər]
oudste zoon (de)	äldste son (en)	['ɛlʲstə 'sɔn]
broer (de)	bror (en)	['brʊr]
oudere broer (de)	storebror (en)	['stʊrə‚brʊr]
jongere broer (de)	lillebror (en)	['lilʲe‚brʊr]
zuster (de)	syster (en)	['sʏstər]
oudere zuster (de)	storasyster (en)	['stʊra‚sʏstər]
jongere zuster (de)	lillasyster (en)	['lilʲa‚sʏstər]
neef (zoon van oom, tante)	kusin (en)	[kʉˈsi:n]
nicht (dochter van oom, tante)	kusin (en)	[kʉˈsi:n]
mama (de)	mamma (en)	['mama]
papa (de)	pappa (en)	['papa]
ouders (mv.)	föräldrar (pl)	[førˈɛlʲdrar]
kind (het)	barn (ett)	['ba:ɳ]
kinderen (mv.)	barn (pl)	['ba:ɳ]
oma (de)	mormor, farmor (en)	['mʊrmʊr], ['farmʊr]
opa (de)	morfar, farfar (en)	['mʊrfar], ['farfar]

kleinzoon (de)	barnbarn (ett)	['bɑːn̩ˌbɑːn̩]
kleindochter (de)	barnbarn (ett)	['bɑːn̩ˌbɑːn̩]
kleinkinderen (mv.)	barnbarn (pl)	['bɑːn̩ˌbɑːn̩]

oom (de)	farbror, morbror (en)	['fɑrˌbrʊr], ['mʊrˌbrʊr]
tante (de)	faster, moster (en)	['fastər], ['mʊstər]
neef (zoon van broer, zus)	brorson, systerson (en)	['brʊrˌsɔn], ['sʏstəˌsɔn]
nicht (dochter van broer ,zus)	brorsdotter, systerdotter (en)	['brʊːṣˌdɔtər], ['sʏstəˌdɔtər]

schoonmoeder (de)	svärmor (en)	['svæːrˌmʊr]
schoonvader (de)	svärfar (en)	['svæːrˌfar]
schoonzoon (de)	svärson (en)	['svæːˌʂɔn]
stiefmoeder (de)	styvmor (en)	['stʏvˌmʊr]
stiefvader (de)	styvfar (en)	['stʏvˌfar]

zuigeling (de)	spädbarn (ett)	['spɛːdˌbɑːn̩]
wiegenkind (het)	spädbarn (ett)	['spɛːdˌbɑːn̩]
kleuter (de)	baby, bäbis (en)	['bɛːbi], ['bɛːbis]

vrouw (de)	hustru (en)	['hʉstrʉ]
man (de)	man (en)	['man]
echtgenoot (de)	make, äkta make (en)	['makə], ['ɛkta ˌmakə]
echtgenote (de)	hustru (en)	['hʉstrʉ]

gehuwd (mann.)	gift	['jift]
gehuwd (vrouw.)	gift	['jift]
ongehuwd (mann.)	ogift	[ʊːˈjift]
vrijgezel (de)	ungkarl (en)	['ʊn̩ˌkarl]
gescheiden (bn)	frånskild	['froːn̩ˌɧilʲd]
weduwe (de)	änka (en)	['ɛŋka]
weduwnaar (de)	änkling (en)	['ɛŋkliŋ]

familielid (het)	släkting (en)	['slʲɛktiŋ]
dichte familielid (het)	nära släkting (en)	['næːra 'slʲɛktiŋ]
verre familielid (het)	fjärran släkting (en)	['fjæːran 'slʲɛktiŋ]
familieleden (mv.)	släktingar (pl)	['slʲɛktiŋar]

wees (de), weeskind (het)	föräldralöst barn (ett)	[førˈɛlʲdralʲœst 'bɑːn̩]
voogd (de)	förmyndare (en)	['førˌmʏndarə]
adopteren (een jongen te ~)	att adoptera	[at adɔp'tera]
adopteren (een meisje te ~)	att adoptera	[at adɔp'tera]

Geneeskunde

47. Ziekten

ziekte (de)	sjukdom (en)	['ɧʉːk‚dʊm]
ziek zijn (ww)	att vara sjuk	[at 'vara 'ɧʉːk]
gezondheid (de)	hälsa, sundhet (en)	['hɛlʲsa], ['sund‚het]
snotneus (de)	snuva (en)	['snʉːva]
angina (de)	halsfluss, angina (en)	['halʲs‚flʉs], [aŋ'gina]
verkoudheid (de)	förkylning (en)	[før'ɕylʲniŋ]
verkouden raken (ww)	att bli förkyld	[at bli før'ɕylʲd]
bronchitis (de)	bronkit (en)	[brɔŋ'kit]
longontsteking (de)	lunginflammation (en)	['lʉŋ‚inflʲama'ɧun]
griep (de)	influensa (en)	[inflʉ'ɛnsa]
bijziend (bn)	närsynt	['næː‚sʏnt]
verziend (bn)	långsynt	['lʲɔŋ‚sʏnt]
scheelheid (de)	skelögdhet (en)	['ɧelʲøgd‚het]
scheel (bn)	skelögd	['ɧelʲ‚øgd]
grauwe staar (de)	grå starr (en)	['gro: 'star]
glaucoom (het)	grön starr (en)	['grøːn 'star]
beroerte (de)	stroke (en), hjärnslag (ett)	['stroːk], ['jæːn‚ʂlʲag]
hartinfarct (het)	infarkt (en)	[in'farkt]
myocardiaal infarct (het)	hjärtinfarkt (en)	['jæːʈ in'farkt]
verlamming (de)	förlamning (en)	[fœː'l̦amniŋ]
verlammen (ww)	att förlama	[at fœː'l̦ama]
allergie (de)	allergi (en)	[alʲer'gi]
astma (de/het)	astma (en)	['astma]
diabetes (de)	diabetes (en)	[dia'betəs]
tandpijn (de)	tandvärk (en)	['tand‚væːrk]
tandbederf (het)	karies (en)	['karies]
diarree (de)	diarré (en)	[dia'reː]
constipatie (de)	förstoppning (en)	[fœː'ʂtopniŋ]
maagstoornis (de)	magbesvär (ett)	['mag‚be'svɛːr]
voedselvergiftiging (de)	matförgiftning (en)	['mat‚fœr'jiftniŋ]
voedselvergiftiging oplopen	att få matförgiftning	[at foː 'mat‚fœr'jiftniŋ]
artritis (de)	artrit (en)	[a'ʈrit]
rachitis (de)	rakitis (en)	[ra'kitis]
reuma (het)	reumatism (en)	[revma'tism]
arteriosclerose (de)	åderförkalkning (en)	['oːdɛrfør‚kalʲkniŋ]
gastritis (de)	gastrit (en)	[ga'strit]
blindedarmontsteking (de)	appendicit (en)	[apɛndi'sit]

galblaasontsteking (de)	cholecystit (en)	[holəsys'tit]
zweer (de)	magsår (ett)	['mag‚so:r]

mazelen (mv.)	mässling (en)	['mɛs‚liŋ]
rodehond (de)	röda hund (en)	['rø:da 'hund]
geelzucht (de)	gulsot (en)	['gu:lʲ‚sut]
leverontsteking (de)	hepatit (en)	[hepa'tit]

schizofrenie (de)	schizofreni (en)	[skitsɔfre'ni:]
dolheid (de)	rabies (en)	['rabies]
neurose (de)	neuros (en)	[nev'rɔs]
hersenschudding (de)	hjärnskakning (en)	['jæ:r‚ʂkakniŋ]

kanker (de)	cancer (en)	['kansər]
sclerose (de)	skleros (en)	[sklʲe'rɔs]
multiple sclerose (de)	multipel skleros (en)	[mulʲ'tipəlʲ sklʲe'rɔs]

alcoholisme (het)	alkoholism (en)	[alʲkuhɔ'lizm]
alcoholicus (de)	alkoholist (en)	[alʲkuhɔ'list]
syfilis (de)	syfilis (en)	['syfilis]
AIDS (de)	AIDS	['ɛjds]

tumor (de)	tumör (en)	[tu'mø:r]
kwaadaardig (bn)	elakartad	['ɛlʲak‚a:ʈad]
goedaardig (bn)	godartad	['gud‚a:ʈad]

koorts (de)	feber (en)	['febər]
malaria (de)	malaria (en)	[ma'lʲaria]
gangreen (het)	kallbrand (en)	['kalʲ‚brand]
zeeziekte (de)	sjösjuka (en)	['ɦø:‚ɦu:ka]
epilepsie (de)	epilepsi (en)	[epilʲep'si:]

epidemie (de)	epidemi (en)	[ɛpide'mi:]
tyfus (de)	tyfus (en)	['tyfus]
tuberculose (de)	tuberkulos (en)	[tubɛrku'lʲɔs]
cholera (de)	kolera (en)	['kulʲera]
pest (de)	pest (en)	['pɛst]

48. Symptomen. Behandelingen. Deel 1

symptoom (het)	symptom (ett)	[symp'tɔm]
temperatuur (de)	temperatur (en)	[tɛmpəra'tu:r]
verhoogde temperatuur (de)	hög temperatur (en)	['hø:g tɛmpəra'tu:r]
polsslag (de)	puls (en)	['pulʲs]

duizeling (de)	yrsel, svindel (en)	['y:ʂəlʲ], ['svindəlʲ]
heet (erg warm)	varm	['varm]
koude rillingen (mv.)	rysning (en)	['rysniŋ]
bleek (bn)	blek	['blʲek]

hoest (de)	hosta (en)	['husta]
hoesten (ww)	att hosta	[at 'husta]
niezen (ww)	att nysa	[at 'nysa]
flauwte (de)	svimning (en)	['svimniŋ]

flauwvallen (ww)	att svimma	[at 'svima]
blauwe plek (de)	blåmärke (ett)	['blʲoːˌmæːrkə]
buil (de)	bula (en)	['bɵːlʲa]
zich stoten (ww)	att slå sig	[at 'slʲoː sɛj]
kneuzing (de)	blåmärke (ett)	['blʲoːˌmæːrkə]
kneuzen (gekneusd zijn)	att slå sig	[at 'slʲoː sɛj]
hinken (ww)	att halta	[at 'halʲta]
verstuiking (de)	vrickning (en)	['vrikniŋ]
verstuiken (enkel, enz.)	att förvrida	[at før'vrida]
breuk (de)	brott (ett), fraktur (en)	['brɔt], [frak'tɵːr]
een breuk oplopen	att få en fraktur	[at foː en frak'tɵːr]
snijwond (de)	skärsår (ett)	['ʃæːˌʂoːr]
zich snijden (ww)	att skära sig	[at 'ʃæːra sɛj]
bloeding (de)	blödning (en)	['blʲœdniŋ]
brandwond (de)	brännsår (ett)	['brɛnˌsoːr]
zich branden (ww)	att bränna sig	[at 'brɛna sɛj]
prikken (ww)	att sticka	[at 'stika]
zich prikken (ww)	att sticka sig	[at 'stika sɛj]
blesseren (ww)	att skada	[at 'skada]
blessure (letsel)	skada (en)	['skada]
wond (de)	sår (ett)	['soːr]
trauma (het)	trauma (en)	['travma]
IJlen (ww)	att tala i feberyra	[at 'talʲa i 'feberyra]
stotteren (ww)	att stamma	[at 'stama]
zonnesteek (de)	solsting (ett)	['sɵlʲˌstiŋ]

49. Symptomen. Behandelingen. Deel 2

pijn (de)	värk, smärta (en)	['væːrk], ['smɛʈa]
splinter (de)	sticka (en)	['stika]
zweet (het)	svett (en)	['svɛt]
zweten (ww)	att svettas	[at 'svɛtas]
braking (de)	kräkning (en)	['krɛkniŋ]
stuiptrekkingen (mv.)	kramper (pl)	['krampər]
zwanger (bn)	gravid	[gra'vid]
geboren worden (ww)	att födas	[at 'føːdas]
geboorte (de)	förlossning (en)	[fœː'lʲɔsniŋ]
baren (ww)	att föda	[at 'føːda]
abortus (de)	abort (en)	[a'bɔːʈ]
ademhaling (de)	andning (en)	['andniŋ]
inademing (de)	inandning (en)	['inˌandniŋ]
uitademing (de)	utandning (en)	['ɵtˌandniŋ]
uitademen (ww)	att andas ut	[at 'andas ɵt]
inademen (ww)	att andas in	[at 'andas in]
invalide (de)	handikappad person (en)	['handiˌkapad pɛ'ʂɵn]
gehandicapte (de)	krympling (en)	['krʏmpliŋ]

drugsverslaafde (de)	narkoman (en)	[narkʊ'man]
doof (bn)	döv	['dø:v]
stom (bn)	stum	['stu:m]
doofstom (bn)	dövstum	['dø:vˌstu:m]

krankzinnig (bn)	mentalsjuk, galen	['mental'ɧʉ:k], ['galʲen]
krankzinnige (man)	dåre, galning (en)	['do:rə], ['galʲniŋ]
krankzinnige (vrouw)	dåre, galning (en)	['do:rə], ['galʲniŋ]
krankzinnig worden	att bli sinnessjuk	[at bli 'sinɛsˌɧʉ:k]

gen (het)	gen (en)	['jen]
immuniteit (de)	immunitet (en)	[imʉni'te:t]
erfelijk (bn)	ärftlig	['æ:rftlig]
aangeboren (bn)	medfödd	['medˌfœd]

virus (het)	virus (ett)	['vi:rʉs]
microbe (de)	mikrob (en)	[mi'krɔb]
bacterie (de)	bakterie (en)	[bak'teriə]
infectie (de)	infektion (en)	[infɛk'ɧʊn]

50. Symptomen. Behandelingen. Deel 3

ziekenhuis (het)	sjukhus (ett)	['ɧʉ:kˌhʉs]
patiënt (de)	patient (en)	[pasi'ent]

diagnose (de)	diagnos (en)	[dia'gnɔs]
genezing (de)	kur (en)	['kʉ:r]
medische behandeling (de)	behandling (en)	[be'handliŋ]
onder behandeling zijn	att bli behandlad	[at bli be'handlʲad]
behandelen (ww)	att behandla	[at be'handlʲa]
zorgen (zieken ~)	att sköta	[at 'ɧø:ta]
ziekenzorg (de)	vård	['vo:ɖ]

operatie (de)	operation (en)	[ɔpera'ɧʊn]
verbinden (een arm ~)	att förbinda	[at før'binda]
verband (het)	förbindning (en)	[før'bindniŋ]

vaccin (het)	vaccination (en)	[vaksina'ɧʊn]
inenten (vaccineren)	att vaksinera	[at vaksi'nera]
injectie (de)	injektion (en)	[injɛk'ɧʊn]
een injectie geven	att ge en spruta	[at je: en 'sprʉta]

aanval (de)	anfall (ett), attack (en)	['anfalʲ], [a'tak]
amputatie (de)	amputation (en)	[ampʉta'ɧʊn]
amputeren (ww)	att amputera	[at ampʉ'tera]
coma (het)	koma (ett)	['kɔma]
in coma liggen	att ligga i koma	[at 'liga i 'kɔma]
intensieve zorg, ICU (de)	intensivavdelning (en)	[intɛn'siv,av'dɛlʲniŋ]

zich herstellen (ww)	att återhämta sig	[at 'o:terˌhɛmta sɛj]
toestand (de)	tillstånd (ett)	['tilʲˌstɔnd]
bewustzijn (het)	medvetande (ett)	['medˌvetandə]
geheugen (het)	minne (ett)	['minə]
trekken (een kies ~)	att dra ut	[at 'dra ʉt]

vulling (de)	plomb (en)	['plɔmb]
vullen (ww)	att plombera	[at plɔm'bera]

hypnose (de)	hypnos (en)	[hʏp'nɔs]
hypnotiseren (ww)	att hypnotisera	[at 'hʏpnɔti‚sera]

51. Artsen

dokter, arts (de)	läkare (en)	['lɛ:karə]
ziekenzuster (de)	sjuksköterska (en)	['ɧʉ:k‚ɧøː:tɛʂka]
lijfarts (de)	personlig läkare (en)	[pɛ'ʂʉnlig 'lɛ:karə]

tandarts (de)	tandläkare (en)	['tand‚lɛ:karə]
oogarts (de)	ögonläkare (en)	['øː:gɔn‚lɛ:karə]
therapeut (de)	terapeut (en)	[tera'peft]
chirurg (de)	kirurg (en)	[ɕi'rʉrg]

psychiater (de)	psykiater (en)	[syki'atər]
pediater (de)	barnläkare (en)	['baːɳ‚lɛ:karə]
psycholoog (de)	psykolog (en)	[sykʊ'lɔg]
gynaecoloog (de)	gynekolog (en)	[ginekʊ'lɔg]
cardioloog (de)	kardiolog (en)	[ka:dɪʊ'lɔg]

52. Geneeskunde. Medicijnen. Accessoires

geneesmiddel (het)	medicin (en)	[medi'sin]
middel (het)	medel (ett)	['medəl]
voorschrijven (ww)	att ordinera	[at oː‚dɪ'nera]
recept (het)	recept (ett)	[re'sɛpt]

tablet (de/het)	tablett (en)	[tab'let]
zalf (de)	salva (en)	['salva]
ampul (de)	ampull (en)	[am'pul]
drank (de)	mixtur (en)	[miks'tʉːr]
siroop (de)	sirap (en)	['sirap]
pil (de)	piller (ett)	['pilˑer]
poeder (de/het)	pulver (ett)	['pulvər]

verband (het)	gasbinda (en)	['gas‚binda]
watten (mv.)	vadd (en)	['vad]
jodium (het)	jod (en)	['jʊd]

pleister (de)	plåster (ett)	['plɔstər]
pipet (de)	pipett (en)	[pi'pɛt]
thermometer (de)	termometer (en)	[tɛrmʊ'metər]
spuit (de)	spruta (en)	['sprʉta]

rolstoel (de)	rullstol (en)	['rʉlˑstʊlˑ]
krukken (mv.)	kryckor (pl)	['krʏkʊr]

pijnstiller (de)	smärtstillande medel (ett)	['smæːt‚stilˑande 'medəl]
laxeermiddel (het)	laxermedel (ett)	['lˑaksər 'medəl]

spiritus (de)	sprit (en)	['sprit]
medicinale kruiden (mv.)	läkeväxter (pl)	['lᶦɛkə‚vɛkstər]
kruiden- (abn)	ört-	['ø:t-]

HET MENSELIJKE LEEFGEBIED

Stad

53. Stad. Het leven in de stad

stad (de)	stad (en)	['stad]
hoofdstad (de)	huvudstad (en)	['hʉːvʉd‚stad]
dorp (het)	by (en)	['by]
plattegrond (de)	stadskarta (en)	['stads‚kaːʈa]
centrum (ov. een stad)	centrum (ett)	['sɛntrum]
voorstad (de)	förort (en)	['førˌʊːʈ]
voorstads- (abn)	förorts-	['førˌʊːʈs-]
randgemeente (de)	utkant (en)	['ʉt‚kant]
omgeving (de)	omgivningar (pl)	['ɔm‚jiːvniŋar]
blok (huizenblok)	kvarter (ett)	[kvaˈʈər]
woonwijk (de)	bostadskvarter (ett)	['bʊstads‚kvaˈʈər]
verkeer (het)	trafik (en)	[traˈfik]
verkeerslicht (het)	trafikljus (ett)	[traˈfik‚jʉːs]
openbaar vervoer (het)	offentlig transport (en)	[ɔ'fɛntli transˈpɔːʈ]
kruispunt (het)	korsning (en)	['kɔːʂniŋ]
zebrapad (oversteekplaats)	övergångsställe (ett)	['øːvergɔŋs‚stɛlʲe]
onderdoorgang (de)	gångtunnel (en)	['gɔŋ‚tunəlʲ]
oversteken (de straat ~)	att gå över	[at 'goː 'øːvər]
voetganger (de)	fotgängare (en)	['fʊt‚jenarə]
trottoir (het)	trottoar (en)	[trɔtʊˈar]
brug (de)	bro (en)	['brʊ]
dijk (de)	kaj (en)	['kaj]
fontein (de)	fontän (en)	[fɔnˈtɛn]
allee (de)	allé (en)	[aˈlʲeː]
park (het)	park (en)	['park]
boulevard (de)	boulevard (en)	[bʊlʲeˈvaːd]
plein (het)	torg (ett)	['tɔrj]
laan (de)	aveny (en)	[aveˈny]
straat (de)	gata (en)	['gata]
zijstraat (de)	sidogata (en)	['sidʊ‚gata]
doodlopende straat (de)	återvändsgränd (en)	['oːtervɛns‚grɛnd]
huis (het)	hus (ett)	['hʉs]
gebouw (het)	byggnad (en)	['bʏgnad]
wolkenkrabber (de)	skyskrapa (en)	['ɧy‚skrapa]
gevel (de)	fasad (en)	[faˈsad]
dak (het)	tak (ett)	['tak]

venster (het)	fönster (ett)	['fœnstər]
boog (de)	båge (en)	['boːgə]
pilaar (de)	kolonn (en)	[kʊ'lʲɔn]
hoek (ov. een gebouw)	knut (en)	['knʉt]

vitrine (de)	skyltfönster (ett)	['ʃylʲt‚fœnstər]
gevelreclame (de)	skylt (en)	['ʃylʲt]
affiche (de/het)	affisch (en)	[a'fiːʃ]
reclameposter (de)	reklamplakat (ett)	[rɛ'klʲam‚plʲa'kat]
aanplakbord (het)	reklamskylt (en)	[rɛ'klʲam‚ʃylʲt]

vuilnis (de/het)	sopor, avfall (ett)	['sʊpʊr], ['avfalʲ]
vuilnisbak (de)	soptunna (en)	['sʊp‚tuna]
afval weggooien (ww)	att skräpa ner	[at 'skrɛːpa ner]
stortplaats (de)	soptipp (en)	['sʊp‚tip]

telefooncel (de)	telefonkiosk (en)	[telʲe'fɔn‚ɕøsk]
straatlicht (het)	lyktstolpe (en)	['lʲyk‚stɔlʲpə]
bank (de)	bänk (ett)	['bɛŋk]

politieagent (de)	polis (en)	[pʊ'lis]
politie (de)	polis (en)	[pʊ'lis]
zwerver (de)	tiggare (en)	['tigarə]
dakloze (de)	hemlös (ett)	['hɛmlʲøːs]

54. Stedelijke instellingen

winkel (de)	affär, butik (en)	[a'fæːr], [bu'tik]
apotheek (de)	apotek (ett)	[apʊ'tek]
optiek (de)	optiker (en)	['ɔptikər]
winkelcentrum (het)	köpcenter (ett)	['ɕøːp‚sɛntɛr]
supermarkt (de)	snabbköp (ett)	['snab‚ɕøːp]

bakkerij (de)	bageri (ett)	[bage'riː]
bakker (de)	bagare (en)	['bagarə]
banketbakkerij (de)	konditori (ett)	[kɔnditʊ'riː]
kruidenier (de)	speceriaffär (en)	[spese'ri a'fæːr]
slagerij (de)	slaktare butik (en)	['slʲaktarə bu'tik]

| groentewinkel (de) | grönsakshandel (en) | ['grøːnsaks‚handəlʲ] |
| markt (de) | marknad (en) | ['marknad] |

koffiehuis (het)	kafé (ett)	[ka'feː]
restaurant (het)	restaurang (en)	[rɛstɔ'raŋ]
bar (de)	pub (en)	['pub]
pizzeria (de)	pizzeria (en)	[pitse'ria]

kapperssalon (de/het)	frisersalong (en)	['frisər ʂa‚lʲɔn]
postkantoor (het)	post (en)	['pɔst]
stomerij (de)	kemtvätt (en)	['ɕemtvæt]
fotostudio (de)	fotoateljé (en)	['fʊtʊ ate‚lje:]

| schoenwinkel (de) | skoaffär (en) | ['skʊːa‚fæːr] |
| boekhandel (de) | bokhandel (en) | ['bʊk‚handəlʲ] |

sportwinkel (de)	sportaffär (en)	['spɔ:ʈ a'fæ:r]
kledingreparatie (de)	klädreparationer (en)	['klʲɛd 'repara‚ɧunər]
kledingverhuur (de)	kläduthyrning (en)	['klʲɛd ʉ'ty:ŋiŋ]
videotheek (de)	filmuthyrning (en)	['filʲm ʉ'ty:ŋiŋ]

circus (de/het)	cirkus (en)	['sirkʉs]
dierentuin (de)	zoo (ett)	['sʊ:]
bioscoop (de)	biograf (en)	[biʊ'graf]
museum (het)	museum (ett)	[mʉ'seum]
bibliotheek (de)	bibliotek (ett)	[bibliʊ'tek]

theater (het)	teater (en)	[te'atər]
opera (de)	opera (en)	['ʊpera]
nachtclub (de)	nattklubb (en)	['nat‚klʉb]
casino (het)	kasino (ett)	[ka'sinʊ]

moskee (de)	moské (en)	[mʊs'ke:]
synagoge (de)	synagoga (en)	['syna‚gɔga]
kathedraal (de)	katedral (en)	[katɛ'dralʲ]
tempel (de)	tempel (ett)	['tɛmpəlʲ]
kerk (de)	kyrka (en)	['çyrka]

instituut (het)	institut (ett)	[insti'tʉt]
universiteit (de)	universitet (ett)	[univɛ‚si'tet]
school (de)	skola (en)	['skʊlʲa]

gemeentehuis (het)	prefektur (en)	[prefɛk'tʉ:r]
stadhuis (het)	rådhus (en)	['rɔd‚hʉs]
hotel (het)	hotell (ett)	[hʊ'tɛlʲ]
bank (de)	bank (en)	['baŋk]

ambassade (de)	ambassad (en)	[amba'sad]
reisbureau (het)	resebyrå (en)	['reseby‚rɔ:]
informatieloket (het)	informationsbyrå (en)	[informa'ɧʊns by‚rɔ:]
wisselkantoor (het)	växelkontor (ett)	['vɛksəlʲ kɔn'tʊr]

| metro (de) | tunnelbana (en) | ['tunəlʲ‚bana] |
| ziekenhuis (het) | sjukhus (ett) | ['ɧʉ:k‚hʉs] |

| benzinestation (het) | bensinstation (en) | [bɛn'sin‚sta'ɧʊn] |
| parking (de) | parkeringsplats (en) | [par'keriŋs‚plʲats] |

55. Borden

gevelreclame (de)	skylt (en)	['ɧylʲt]
opschrift (het)	inskrift (en)	['in‚skrift]
poster (de)	poster, löpsedel (en)	['pɔstər], ['løp‚sedəlʲ]
wegwijzer (de)	vägvisare (en)	['vɛ:g‚visarə]
pijl (de)	pil (en)	['pilʲ]

waarschuwing (verwittiging)	varning (en)	['va:ŋiŋ]
waarschuwingsbord (het)	varningsskylt (en)	['va:ŋiŋs ‚ɧylʲt]
waarschuwen (ww)	att varna	[at 'va:ŋa]
vrije dag (de)	fridag (en)	['fri‚dag]

dienstregeling (de)	**tidtabell (en)**	['tid ta'bɛlʲ]
openingsuren (mv.)	**öppettider** (pl)	['øpet‚ti:dər]

WELKOM!	**VÄLKOMMEN!**	['vɛlʲ‚kɔmən]
INGANG	**INGÅNG**	['in‚gɔŋ]
UITGANG	**UTGÅNG**	['ʉt‚gɔŋ]

DUWEN	**TRYCK**	['trʏk]
TREKKEN	**DRAG**	['drag]
OPEN	**ÖPPET**	['øpet]
GESLOTEN	**STÄNGT**	['stɛŋt]

DAMES	**DAMER**	['damər]
HEREN	**HERRAR**	['hɛ'rar]

KORTING	**RABATT**	[ra'bat]
UITVERKOOP	**REA**	['rea]
NIEUW!	**NYHET!**	['nyhet]
GRATIS	**GRATIS**	['gratis]

PAS OP!	**OBS!**	['ɔbs]
VOLGEBOEKT	**FUIIBOKAT**	['fulʲ‚bʉkat]
GERESERVEERD	**RESERVERAT**	[resɛr'verat]

ADMINISTRATIE	**ADMINISTRATION**	[administra'ɧʉn]
ALLEEN VOOR PERSONEEL	**ENDAST PERSONAL**	['ɛndast pɛʂʉ'nalʲ]

GEVAARLIJKE HOND	**VARNING FÖR HUNDEN**	['va:ɳiŋ før 'hundən]
VERBODEN TE ROKEN!	**RÖKNING FÖRBJUDEN**	['rœkniŋ før'bjʉ:dən]
NIET AANRAKEN!	**FÅR EJ VIDRÖRAS!**	['fo:r ej 'vidrø:ras]

GEVAARLIJK	**FARLIG**	['fa:l̨ig]
GEVAAR	**FARA**	['fara]
HOOGSPANNING	**HÖGSPÄNNING**	['hø:g‚spɛniŋ]
VERBODEN TE ZWEMMEN	**BADNING FÖRBJUDEN**	['badniŋ før'bjʉ:dən]
BUITEN GEBRUIK	**UR FUNKTION**	['ʉr funk'ɧʉn]

ONTVLAMBAAR	**BRANDFARLIG**	['brand‚fa:l̨ig]
VERBODEN	**FÖRBJUD**	[før'bjʉ:d]
DOORGANG VERBODEN	**TIIITRÄDE FÖRBJUDET**	['tilʲtrɛ:də før'bjʉ:dət]
OPGELET PAS GEVERFD	**NYMÅLAT**	['ny‚mo:lʲat]

56. Stedelijk vervoer

bus, autobus (de)	**buss (en)**	['bus]
tram (de)	**spårvagn (en)**	['spo:r‚vagn]
trolleybus (de)	**trådbuss (en)**	['tro:d‚bus]
route (de)	**rutt (en)**	['rut]
nummer (busnummer, enz.)	**nummer (ett)**	['numər]

rijden met ...	**att åka med ...**	[at 'o:ka me ...]
stappen (in de bus ~)	**att stiga på ...**	[at 'stiga pɔ ...]
afstappen (ww)	**att stiga av ...**	[at 'stiga 'av ...]

halte (de)	hållplats (en)	['hoːlʲˌplats]
volgende halte (de)	nästa hållplats (en)	['nɛsta 'hoːlʲˌplats]
eindpunt (het)	slutstation (en)	['slʉtˌsta'ʃʉn]
dienstregeling (de)	tidtabell (en)	['tid ta'bɛlʲ]
wachten (ww)	att vänta	[at 'vɛnta]

| kaartje (het) | biljett (en) | [bi'lʲet] |
| reiskosten (de) | biljettpris (ett) | [bi'lʲetˌpris] |

kassier (de)	kassör (en)	[ka'søːr]
kaartcontrole (de)	biljettkontroll (en)	[bi'lʲet kɔn'trolʲ]
controleur (de)	kontrollant (en)	[kɔntrɔ'lʲant]

te laat zijn (ww)	att komma för sent	[at 'kɔma før 'sɛnt]
missen (de bus ~)	att komma för sent till ...	[at 'kɔma før 'sɛnt tilʲ ...]
zich haasten (ww)	att skynda sig	[at 'ʃʏnda sɛj]

taxi (de)	taxi (en)	['taksi]
taxichauffeur (de)	taxichaufför (en)	['taksi ʃɔ'føːr]
met de taxi (bw)	med taxi	[me 'taksi]
taxistandplaats (de)	taxihållplats (en)	['taksi 'hoːlʲˌplʲats]
een taxi bestellen	att ringa efter taxi	[at 'riŋa ˌɛfte 'taksi]
een taxi nemen	att ta en taxi	[at ta en 'taksi]

verkeer (het)	trafik (en)	[tra'fik]
file (de)	trafikstopp (ett)	[tra'fikˌstɔp]
spitsuur (het)	rusningstid (en)	['rusniŋsˌtid]
parkeren (on.ww.)	att parkera	[at par'kera]
parkeren (ov.ww.)	att parkera	[at par'kera]
parking (de)	parkeringsplats (en)	[par'keriŋsˌplʲats]

metro (de)	tunnelbana (en)	['tunəlʲˌbana]
halte (bijv. kleine treinhalte)	station (en)	[sta'ʃʉn]
de metro nemen	att ta tunnelbanan	[at ta 'tunəlʲˌbanan]
trein (de)	tåg (ett)	['toːg]
station (treinstation)	tågstation (en)	['toːgˌsta'ʃʉn]

57. Bezienswaardigheden

monument (het)	monument (ett)	[mɔnu'mɛnt]
vesting (de)	fästning (en)	['fɛstniŋ]
paleis (het)	palats (ett)	[pa'lʲats]
kasteel (het)	borg (en)	['bɔrj]
toren (de)	torn (ett)	['tʉːn]
mausoleum (het)	mausoleum (ett)	[maʉsʉ'lʲeum]

architectuur (de)	arkitektur (en)	[arkitɛk'tʉːr]
middeleeuws (bn)	medeltida	['medəlʲˌtida]
oud (bn)	gammal	['gamalʲ]
nationaal (bn)	nationell	[natʃu'nɛlʲ]
bekend (bn)	berömd	[be'rœmd]

| toerist (de) | turist (en) | [tu'rist] |
| gids (de) | guide (en) | ['gajd] |

rondleiding (de)	utflykt (en)	['ʉt͵flʲykt]
tonen (ww)	att visa	[at 'visa]
vertellen (ww)	att berätta	[at be'ræta]

vinden (ww)	att hitta	[at 'hita]
verdwalen (de weg kwijt zijn)	att gå vilse	[at 'goː 'vilʲsə]
plattegrond (~ van de metro)	karta (en)	['kaːʈa]
plattegrond (~ van de stad)	karta (en)	['kaːʈa]

souvenir (het)	souvenir (en)	[suvɛ'niːr]
souvenirwinkel (de)	souvenirbutik (en)	[suvɛ'niːr bu'tik]
een foto maken (ww)	att fotografera	[at fʊtʊgra'fera]
zich laten fotograferen	att bli fotograferad	[at bli fʊtʊgra'ferad]

58. Winkelen

kopen (ww)	att köpa	[at 'ɕøːpa]
aankoop (de)	inköp (ett)	['in͵ɕøːp]
winkelen (ww)	att shoppa	[at 'ʃɔpa]
winkelen (het)	shopping (en)	['ʃɔpiŋ]

| open zijn (ov. een winkel, enz.) | att vara öppen | [at 'vara 'øpən] |
| gesloten zijn (ww) | att vara stängd | [at 'vara stɛŋd] |

schoeisel (het)	skodon (pl)	['skʊdʊn]
kleren (mv.)	kläder (pl)	['klʲɛːdər]
cosmetica (de)	kosmetika (en)	[kɔs'mɛtika]
voedingswaren (mv.)	matvaror (pl)	['mat͵varʊr]
geschenk (het)	gåva, present (en)	['goːva], [pre'sɛnt]

| verkoper (de) | försäljare (en) | [fœ:'ʂɛljarə] |
| verkoopster (de) | försäljare (en) | [fœ:'ʂɛljarə] |

kassa (de)	kassa (en)	['kasa]
spiegel (de)	spegel (en)	['spegəlʲ]
toonbank (de)	disk (en)	['disk]
paskamer (de)	provrum (ett)	['prʊv͵ruːm]

aanpassen (ww)	att prova	[at 'prʊva]
passen (ov. kleren)	att passa	[at 'pasa]
bevallen (prettig vinden)	att gilla	[at 'jilʲa]

prijs (de)	pris (ett)	['pris]
prijskaartje (het)	prislapp (en)	['pris͵lʲap]
kosten (ww)	att kosta	[at 'kɔsta]
Hoeveel?	Hur mycket?	[hʉr 'mʏkə]
korting (de)	rabatt (en)	[ra'bat]

niet duur (bn)	billig	['bilig]
goedkoop (bn)	billig	['bilig]
duur (bn)	dyr	['dyr]
Dat is duur.	Det är dyrt	[dɛ æːr 'dyːt]
verhuur (de)	uthyrning (en)	['ʉt͵hyŋiŋ]

huren (smoking, enz.)	att hyra	[at 'hyra]
krediet (het)	kredit (en)	[kre'dit]
op krediet (bw)	på kredit	[pɔ kre'dit]

59. Geld

geld (het)	pengar (pl)	['pɛŋar]
ruil (de)	växling (en)	['vɛksliŋ]
koers (de)	kurs (en)	['kuːʂ]
geldautomaat (de)	bankomat (en)	[baŋkʉ'mat]
muntstuk (de)	mynt (ett)	['mʏnt]

dollar (de)	dollar (en)	['dɔlʲar]
euro (de)	euro (en)	['ɛvrɔ]

lire (de)	lire (en)	['lirə]
Duitse mark (de)	mark (en)	['mark]
frank (de)	franc (en)	['fran]
pond sterling (het)	pund sterling (ett)	['puŋ stɛr'liŋ]
yen (de)	yen (en)	['jɛn]

schuld (geldbedrag)	skuld (en)	['skʉlʲd]
schuldenaar (de)	gäldenär (en)	[jɛlʲdɛ'næːr]
uitlenen (ww)	att låna ut	[at 'lʲoːna ʉt]
lenen (geld ~)	att låna	[at 'lʲoːna]

bank (de)	bank (en)	['baŋk]
bankrekening (de)	konto (ett)	['kɔntʉ]
storten (ww)	att sätta in	[at 'sæta in]
op rekening storten	att sätta in på kontot	[at 'sæta in pɔ 'kɔntʉt]
opnemen (ww)	att ta ut från kontot	[at ta ʉt frɔn 'kɔntʉt]

kredietkaart (de)	kreditkort (ett)	[kre'dit̬kɔːt]
baar geld (het)	kontanter (pl)	[kɔn'tantər]
cheque (de)	check (en)	['ɕɛk]
een cheque uitschrijven	att skriva en check	[at 'skriva en 'ɕɛk]
chequeboekje (het)	checkbok (en)	['ɕɛk̬bʉk]

portefeuille (de)	plånbok (en)	['plʲoːn̬bʉk]
geldbeugel (de)	börs (en)	['bøːʂ]
safe (de)	säkerhetsskåp (ett)	['sɛːkərhets̬skoːp]

erfgenaam (de)	arvinge (en)	['arviŋə]
erfenis (de)	arv (ett)	['arv]
fortuin (het)	förmögenhet (en)	[før'møgən̬het]

huur (de)	hyra (en)	['hyra]
huurprijs (de)	hyra (en)	['hyra]
huren (huis, kamer)	att hyra	[at 'hyra]

prijs (de)	pris (ett)	['pris]
kostprijs (de)	kostnad (en)	['kɔstnad]
som (de)	summa (en)	['suma]
uitgeven (geld besteden)	att lägga ut	[at 'lʲɛga ʉt]

kosten (mv.)	utgifter (pl)	['ʉtˌjiftər]
bezuinigen (ww)	att spara	[at 'spara]
zuinig (bn)	sparsam	['spaːʂam]
betalen (ww)	att betala	[at be'talʲa]
betaling (de)	betalning (en)	[be'talʲniŋ]
wisselgeld (het)	växel (en)	['vɛksəlʲ]
belasting (de)	skatt (en)	['skat]
boete (de)	bot (en)	['bʊt]
beboeten (bekeuren)	att bötfälla	[at 'bøtˌfɛlʲa]

60. Post. Postkantoor

postkantoor (het)	post (en)	['pɔst]
post (de)	post (en)	['pɔst]
postbode (de)	brevbärare (en)	['brevˌbæːrarə]
openingsuren (mv.)	öppettider (pl)	['øpetˌtiːdər]
brief (de)	brev (ett)	['brev]
aangetekende brief (de)	rekommenderat brev (ett)	[rekɔmən'derat brev]
briefkaart (de)	postkort (ett)	['pɔstˌkɔːt]
telegram (het)	telegram (ett)	[telʲe'gram]
postpakket (het)	postpaket (ett)	['pɔst paˌket]
overschrijving (de)	pengaöverföring (en)	['pɛŋaˌøvə'føːriŋ]
ontvangen (ww)	att ta emot	[at ta ɛmoːt]
sturen (zenden)	att skicka	[at 'ɧika]
verzending (de)	avsändning (en)	['avˌsɛndniŋ]
adres (het)	adress (en)	[a'drɛs]
postcode (de)	postnummer (ett)	['pɔstˌnumər]
verzender (de)	avsändare (en)	['avˌsɛndarə]
ontvanger (de)	mottagare (en)	['mɔtˌtagarə]
naam (de)	förnamn (ett)	['fœːˌɳamn]
achternaam (de)	efternamn (ett)	['ɛftəˌɳamn]
tarief (het)	tariff (en)	[ta'rif]
standaard (bn)	vanlig	['vanlig]
zuinig (bn)	ekonomisk	[ɛkʊ'nɔmisk]
gewicht (het)	vikt (en)	['vikt]
afwegen (op de weegschaal)	att väga	[at 'vɛːga]
envelop (de)	kuvert (ett)	[kʉː'vær]
postzegel (de)	frimärke (ett)	['friˌmærkə]
een postzegel plakken op	att sätta på frimärke	[at 'sæta pɔ 'friˌmærkə]

Woning. Huis. Thuis

61. Huis. Elektriciteit

elektriciteit (de)	elektricitet (en)	[ɛlʲektrisiˈtet]
lamp (de)	glödlampa (en)	[ˈglʲøːd,lʲampa]
schakelaar (de)	strömbrytare (en)	[ˈstrøːm,brytarə]
zekering (de)	propp (en)	[ˈprɔp]
draad (de)	ledning (en)	[ˈlʲedniŋ]
bedrading (de)	ledningsnät (ett)	[ˈlʲedniŋs,nɛːt]
elektriciteitsmeter (de)	elmätare (en)	[ˈɛlʲ,mɛːtarə]
gegevens (mv.)	avläsningar (pl)	[ˈav,lʲɛsniŋar]

62. Villa. Herenhuis

landhuisje (het)	fritidshus (ett)	[ˈfritids,hʉs]
villa (de)	villa (en)	[ˈvilʲa]
vleugel (de)	vinge (en)	[ˈviŋə]
tuin (de)	trädgård (en)	[ˈtrɛːgoːd̥]
park (het)	park (en)	[ˈpark]
oranjerie (de)	växthus (ett)	[ˈvɛkst,hʉs]
onderhouden (tuin, enz.)	att ta hand	[at ta ˈhand]
zwembad (het)	simbassäng (en)	[ˈsimba,sɛŋ]
gym (het)	gym (ett)	[ˈdʒym]
tennisveld (het)	tennisbana (en)	[ˈtɛnis,bana]
bioscoopkamer (de)	hemmabio (en)	[ˈhɛma,biːʊ]
garage (de)	garage (ett)	[gaˈraʃ]
privé-eigendom (het)	privategendom (en)	[priˈvat ˈɛgən,dʊm]
eigen terrein (het)	privat tomt (en)	[priˈvat tɔmt]
waarschuwing (de)	varning (en)	[ˈvaːɳiŋ]
waarschuwingsbord (het)	varningsskylt (en)	[ˈvaːɳiŋs ,ɧylʲt]
bewaking (de)	säkerhet (en)	[ˈsɛːkər,het]
bewaker (de)	säkerhetsvakt (en)	[ˈsɛːkərhets,vakt]
inbraakalarm (het)	tjuvlarm (ett)	[ˈɕʉvlʲarm]

63. Appartement

appartement (het)	lägenhet (en)	[ˈlʲeːgən,het]
kamer (de)	rum (ett)	[ˈruːm]
slaapkamer (de)	sovrum (ett)	[ˈsɔv,rum]

eetkamer (de)	matsal (en)	['matsalʲ]
salon (de)	vardagsrum (ett)	['vaːdͅasͺrum]
studeerkamer (de)	arbetsrum (ett)	['arbetsͺrum]

gang (de)	entréhall (en)	[ɛntreːhalʲ]
badkamer (de)	badrum (ett)	['badͺruːm]
toilet (het)	toalett (en)	[tʊa'lʲet]

plafond (het)	tak (ett)	['tak]
vloer (de)	golv (ett)	['gɔlʲv]
hoek (de)	hörn (ett)	['høːn]

64. Meubels. Interieur

meubels (mv.)	möbel (en)	['møːbelʲ]
tafel (de)	bord (ett)	['bʊːd]
stoel (de)	stol (en)	['stʊlʲ]
bed (het)	säng (en)	['sɛŋ]

| bankstel (het) | soffa (en) | ['sɔfa] |
| fauteuil (de) | fåtölj, länstol (en) | [fo:'tœlj], ['lɛnͺstʊlʲ] |

| boekenkast (de) | bokhylla (en) | ['bʊkͺhylʲa] |
| boekenrek (het) | hylla (en) | ['hylʲa] |

kledingkast (de)	garderob (en)	[gaːdͅe'rɔːb]
kapstok (de)	knagg (en)	['knag]
staande kapstok (de)	klädhängare (en)	['klʲɛdͺhɛŋarə]

| commode (de) | byrå (en) | ['byroː] |
| salontafeltje (het) | soffbord (ett) | ['sɔfͺbʊːd] |

spiegel (de)	spegel (en)	['spegəlʲ]
tapijt (het)	matta (en)	['mata]
tapijtje (het)	liten matta (en)	['litən 'mata]

haard (de)	kamin (en), eldstad (ett)	[ka'min], ['ɛlʲdͺstad]
kaars (de)	ljus (ett)	['jʉːs]
kandelaar (de)	ljusstake (en)	['jʉːsͺstakə]

gordijnen (mv.)	gardiner (pl)	[gaː'dͅinər]
behang (het)	tapet (en)	[ta'pet]
jaloezie (de)	persienn (en)	[pɛ'sjen]

| bureaulamp (de) | bordslampa (en) | ['bʊːdͅsͺlʲampa] |
| wandlamp (de) | vägglampa (en) | ['vɛgͺlʲampa] |

| staande lamp (de) | golvlampa (en) | ['gɔlʲvͺlʲampa] |
| luchter (de) | ljuskrona (en) | ['jʉːsͺkrʊna] |

poot (ov. een tafel, enz.)	ben (ett)	['beːn]
armleuning (de)	armstöd (ett)	['armͺstøːd]
rugleuning (de)	rygg (en)	['rɣg]
la (de)	låda (en)	['lʲoːda]

65. Beddengoed

beddengoed (het)	sängkläder (pl)	['sɛŋ͵klʲɛ:dər]
kussen (het)	kudde (en)	['kudə]
kussenovertrek (de)	örngott (ett)	['ø:n͵gɔt]
deken (de)	duntäcke (ett)	['duːn͵tɛkə]
laken (het)	lakan (ett)	['lʲakan]
sprei (de)	överkast (ett)	['ø:və͵kast]

66. Keuken

keuken (de)	kök (ett)	['çø:k]
gas (het)	gas (en)	['gas]
gasfornuis (het)	gasspis (en)	['gas͵spis]
elektrisch fornuis (het)	elektrisk spis (en)	[ɛ'lʲektrisk ͵spis]
oven (de)	bakugn (en)	['bak͵ugn]
magnetronoven (de)	mikrovågsugn (en)	['mikruvɔgs͵ugn]
koelkast (de)	kylskåp (ett)	['çylʲ͵sko:p]
diepvriezer (de)	frys (en)	['frys]
vaatwasmachine (de)	diskmaskin (en)	['disk͵ma'ɧi:n]
vleesmolen (de)	köttkvarn (en)	['çœt͵kva:ŋ]
vruchtenpers (de)	juicepress (en)	['ju:s͵prɛs]
toaster (de)	brödrost (en)	['brø:d͵rɔst]
mixer (de)	mixer (en)	['miksər]
koffiemachine (de)	kaffebryggare (en)	['kafə͵brygarə]
koffiepot (de)	kaffekanna (en)	['kafə͵kana]
koffiemolen (de)	kaffekvarn (en)	['kafə͵kva:ŋ]
fluitketel (de)	tekittel (en)	['te͵çitəlʲ]
theepot (de)	tekanna (en)	['te͵kana]
deksel (de/het)	lock (ett)	['lʲɔk]
theezeefje (het)	tesil (en)	['te͵silʲ]
lepel (de)	sked (en)	['ɧed]
theelepeltje (het)	tesked (en)	['te͵ɧed]
eetlepel (de)	matsked (en)	['mat͵ɧed]
vork (de)	gaffel (en)	['gafəlʲ]
mes (het)	kniv (en)	['kniv]
vaatwerk (het)	servis (en)	[sɛr'vis]
bord (het)	tallrik (en)	['talʲrik]
schoteltje (het)	tefat (ett)	['te͵fat]
likeurglas (het)	shotglas (ett)	['ʃɔt͵glʲas]
glas (het)	glas (ett)	['glʲas]
kopje (het)	kopp (en)	['kop]
suikerpot (de)	sockerskål (en)	['sɔkə:͵sko:lʲ]
zoutvat (het)	saltskål (en)	['salʲt͵sko:lʲ]
pepervat (het)	pepparskål (en)	['pɛpa͵sko:lʲ]

boterschaaltje (het)	smörfat (en)	['smœr‚fat]
steelpan (de)	kastrull, gryta (en)	[ka'strulʲ], ['gryta]
bakpan (de)	stekpanna (en)	['stek‚pana]
pollepel (de)	slev (en)	['slʲev]
vergiet (de/het)	durkslag (ett)	['durk‚slʲag]
dienblad (het)	bricka (en)	['brika]

fles (de)	flaska (en)	['flʲaska]
glazen pot (de)	glasburk (en)	['glʲas‚burk]
blik (conserven~)	burk (en)	['burk]

flesopener (de)	flasköppnare (en)	['flʲask‚øpnarə]
blikopener (de)	burköppnare (en)	['burk‚øpnarə]
kurkentrekker (de)	korkskruv (en)	['kɔrk‚skrʉːv]
filter (de/het)	filter (ett)	['filʲtər]
filteren (ww)	att filtrera	[at filʲ'trera]

huisvuil (het)	sopor, avfall (ett)	['sʊpʊr], ['avfalʲ]
vuilnisemmer (de)	sophink (en)	['sʊp‚hiŋk]

67. Badkamer

badkamer (de)	badrum (ett)	['bad‚ruːm]
water (het)	vatten (ett)	['vatən]
kraan (de)	kran (en)	['kran]
warm water (het)	varmvatten (ett)	['varm‚vatən]
koud water (het)	kallvatten (ett)	['kalʲ‚vatən]

tandpasta (de)	tandkräm (en)	['tand‚krɛm]
tanden poetsen (ww)	att borsta tänderna	[at 'bɔːʂta 'tɛndɛːɳa]
tandenborstel (de)	tandborste (en)	['tand‚bɔːʂtə]

zich scheren (ww)	att raka sig	[at 'raka sɛj]
scheercrème (de)	raklödder (ett)	['rak‚lʲødər]
scheermes (het)	hyvel (en)	['hyvəlʲ]

wassen (ww)	att tvätta	[at 'tvæta]
een bad nemen	att tvätta sig	[at 'tvæta sɛj]
douche (de)	dusch (en)	['duʃ]
een douche nemen	att duscha	[at 'duʃa]

bad (het)	badkar (ett)	['bad‚kar]
toiletpot (de)	toalettstol (en)	[tʊa'lʲet‚stʊlʲ]
wastafel (de)	handfat (ett)	['hand‚fat]

zeep (de)	tvål (en)	['tvoːlʲ]
zeepbakje (het)	tvålskål (en)	['tvoːlʲ‚skoːlʲ]

spons (de)	svamp (en)	['svamp]
shampoo (de)	schampo (ett)	['ʃam‚pʊ]
handdoek (de)	handduk (en)	['hand‚dʉːk]
badjas (de)	morgonrock (en)	['mɔrgɔn‚rɔk]
was (bijv. handwas)	tvätt (en)	['tvæt]
wasmachine (de)	tvättmaskin (en)	['tvæt‚ma'ʃiːn]

| de was doen | att tvätta kläder | [at 'tvæta 'klˡɛ:dər] |
| waspoeder (de) | tvättmedel (ett) | ['tvæt‚medəlˡ] |

68. Huishoudelijke apparaten

televisie (de)	teve (en)	['teve]
cassettespeler (de)	bandspelare (en)	['band‚spelˡarə]
videorecorder (de)	video (en)	['videʊ]
radio (de)	radio (en)	['radiʊ]
speler (de)	spelare (en)	['spelˡarə]

videoprojector (de)	videoprojektor (en)	['videʊ prʊ'jɛktʊr]
home theater systeem (het)	hemmabio (en)	['hɛma‚bi:ʊ]
DVD-speler (de)	DVD spelare (en)	[deve'de: ‚spelˡarə]
versterker (de)	förstärkare (en)	[fœ:'ʂtæ:karə]
spelconsole (de)	spelkonsol (en)	['spelˡ kɔn'sɔlˡ]

videocamera (de)	videokamera (en)	['videʊ‚kamera]
fotocamera (de)	kamera (en)	['kamera]
digitale camera (de)	digitalkamera (en)	[digi'talˡ ‚kamera]

stofzuiger (de)	dammsugare (en)	['dam‚sʉgarə]
strijkijzer (het)	strykjärn (ett)	['strykˌjæ:n]
strijkplank (de)	strykbräda (en)	['stryk‚brɛ:da]

telefoon (de)	telefon (en)	[telˡe'fɔn]
mobieltje (het)	mobiltelefon (en)	[mɔ'bilˡ telˡe'fɔn]
schrijfmachine (de)	skrivmaskin (en)	['skriv‚ma'ɧi:n]
naaimachine (de)	symaskin (en)	['sy‚ma'ɧi:n]

microfoon (de)	mikrofon (en)	[mikrʊ'fɔn]
koptelefoon (de)	hörlurar (pl)	['hœ:‚lˡʉ:rar]
afstandsbediening (de)	fjärrkontroll (en)	['fjæ:r‚kɔn'trolˡ]

CD (de)	cd-skiva (en)	['sede ‚ɧiva]
cassette (de)	kassett (en)	[ka'sɛt]
vinylplaat (de)	skiva (en)	['ɧiva]

MENSELIJKE ACTIVITEITEN

Baan. Business. Deel 1

69. Kantoor. Op kantoor werken

kantoor (het)	kontor (ett)	[kɔn'tʊr]
kamer (de)	kontor (ett)	[kɔn'tʊr]
receptie (de)	reception (en)	[resɛp'ɧʊn]
secretaris (de)	sekreterare (en)	[sɛkrə'terarə]
secretaresse (de)	sekreterare (en)	[sɛkrə'terarə]
directeur (de)	direktör (en)	[dirɛk'tøːr]
manager (de)	manager (en)	['meːnijər]
boekhouder (de)	bokförare (en)	['bʊk‚føːrarə]
werknemer (de)	anställd (en)	['anstɛlʲd]
meubilair (het)	möbel (en)	['møːbəlʲ]
tafel (de)	bord (ett)	['bʊːɖ]
bureaustoel (de)	arbetsstol (en)	['arbets‚stʊlʲ]
ladeblok (het)	kassette, skuffemodul (en)	[ka'sɛtə], ['skufə‚mɔdul]
kapstok (de)	klädhängare (en)	['klʲɛd‚hɛŋarə]
computer (de)	dator (en)	['datʊr]
printer (de)	skrivare (en)	['skrivarə]
fax (de)	fax (en)	['faks]
kopieerapparaat (het)	kopiator (en)	[kʊpi'atʊr]
papier (het)	papper (ett)	['papər]
kantoorartikelen (mv.)	kontorsmaterial (ett)	[kɔn'tʊːʂ mate'rjalʲ]
muismat (de)	musmatta (en)	['mʉːs‚mata]
blad (het)	ark (ett)	['ark]
ordner (de)	mapp (en)	['map]
catalogus (de)	katalog (en)	[kata'lʲɔg]
telefoongids (de)	telefonkatalog (en)	[telʲe'fɔn kata'lʲɔg]
documentatie (de)	dokumentation (en)	[dɔkumənta'ɧʊn]
brochure (de)	broschyr (en)	[brɔ'ɧyr]
flyer (de)	reklamblad (ett)	[rɛ'klʲam‚blʲad]
monster (het), staal (de)	prov (ett)	['prʊv]
training (de)	träning (en)	['trɛːniŋ]
vergadering (de)	möte (ett)	['møːtə]
lunchpauze (de)	lunchrast (en)	['lʉnɕ‚rast]
een kopie maken	att ta en kopia	[at ta en kʊ'pia]
de kopieën maken	att kopiera	[at kɔ'pjera]
een fax ontvangen	att ta emot fax	[at ta ɛmoːt 'faks]
een fax versturen	att skicka fax	[at 'ɧika 'faks]

opbellen (ww)	att ringa	[at 'riŋa]
antwoorden (ww)	att svara	[at 'svara]
doorverbinden (ww)	att koppla till ...	[at 'koplʲa tilʲ ...]

afspreken (ww)	att arrangera	[at aran'ʃera]
demonstreren (ww)	att demonstrera	[at demɔn'strera]
absent zijn (ww)	att vara frånvarande	[at 'vara 'froːnˌvarandə]
afwezigheid (de)	frånvaro (en)	['froːnˌvarʊ]

70. Bedrijfsprocessen. Deel 1

bedrijf (business)	handel (en)	['handəlʲ]
zaak (de), beroep (het)	yrke (ett)	['yrkə]
firma (de)	firma (en)	['firma]
bedrijf (maatschap)	bolag, företag (ett)	['bʊlʲag], ['førəˌtag]
corporatie (de)	korporation (en)	[kɔrpʊra'fʊn]
onderneming (de)	företag (ett)	['førəˌtag]
agentschap (het)	agentur (en)	[agɛn'tʉːr]

overeenkomst (de)	avtal (ett)	['avtalʲ]
contract (het)	kontrakt (ett)	[kɔn'trakt]
transactie (de)	affär (en)	[a'fæːr]
bestelling (de)	beställning (en)	[bɛ'stɛlʲniŋ]
voorwaarde (de)	villkor (ett)	['vilʲˌkor]

in het groot (bw)	en gros	[ɛn 'groː]
groothandels- (abn)	grossist-, engros-	[gro'sist-], [ɛn'gro-]
groothandel (de)	grosshandel (en)	['grɔsˌhandəlʲ]
kleinhandels- (abn)	detalj-	[de'talj-]
kleinhandel (de)	detaljhandel (en)	[de'taljˌhandəlʲ]

concurrent (de)	konkurrent (en)	[kɔŋku'rɛnt]
concurrentie (de)	konkurrens (en)	[kɔŋku'rɛns]
concurreren (ww)	att konkurrera	[at kɔŋku'rera]

| partner (de) | partner (en) | ['paːʈnər] |
| partnerschap (het) | partnerskap (ett) | ['paːʈnɛˌʂkap] |

crisis (de)	kris (en)	['kris]
bankroet (het)	konkurs (en)	[kɔn'kuːʂ]
bankroet gaan (ww)	att göra konkurs	[at 'jøːra kɔn'kuːʂ]
moeilijkheid (de)	svårighet (en)	['svoːrigˌhet]
probleem (het)	problem (ett)	[prɔ'blʲem]
catastrofe (de)	katastrof (en)	[kata'strɔf]

economie (de)	ekonomi (en)	[ɛkʊnɔ'miː]
economisch (bn)	ekonomisk	[ɛkʊ'nɔmisk]
economische recessie (de)	ekonomisk nedgång (en)	[ɛkʊ'nɔmisk 'nedˌgɔŋ]

| doel (het) | mål (ett) | ['moːlʲ] |
| taak (de) | uppgift (en) | ['upˌgift] |

| handelen (handel drijven) | att handla | [at 'handlʲa] |
| netwerk (het) | nätverk (ett) | ['nɛːtˌvɛrk] |

| voorraad (de) | lager (ett) | ['Iˡagər] |
| assortiment (het) | sortiment (ett) | [sɔ:ʈi'mɛnt] |

leider (de)	ledare (en)	['Iˡedarə]
groot (bn)	stor	['stʊr]
monopolie (het)	monopol (en)	[mɔnɔ'polˡ]

theorie (de)	teori (en)	[teʊ'ri:]
praktijk (de)	praktik (en)	[prak'tik]
ervaring (de)	erfarenhet (en)	['ɛrfarɛnhet]
tendentie (de)	tendens (en)	[tɛn'dɛns]
ontwikkeling (de)	utveckling (en)	['ʉt‚vɛkliŋ]

71. Bedrijfsprocessen. Deel 2

| voordeel (het) | utbyte (ett), fördel (en) | ['ʉt‚bytə], ['fø:‚del] |
| voordelig (bn) | fördelaktig | [fø:dəlˡ'aktig] |

delegatie (de)	delegation (en)	[delˡega'ɧʊn]
salaris (het)	lön (en)	['Iˡø:n]
corrigeren (fouten ~)	att rätta	[at 'ræta]
zakenreis (de)	affärsresa (en)	[a'fæ:ʂ‚resa]
commissie (de)	provision (en)	[prɔvi'ɧʊn]

controleren (ww)	att kontrollera	[at kɔntrɔ'Iˡera]
conferentie (de)	konferens (en)	[kɔnfə'ræns]
licentie (de)	licens (en)	[li'sɛns]
betrouwbaar (partner, enz.)	pålitlig	['po‚litlig]

aanzet (de)	initiativ (ett)	[initsja'tiv]
norm (bijv. ~ stellen)	norm (en)	['nɔrm]
omstandigheid (de)	omständighet (en)	['ɔm‚stɛndighet]
taak, plicht (de)	plikt (en)	['plikt]

organisatie (bedrijf, zaak)	organisation (en)	[ɔrganisa'ɧʊn]
organisatie (proces)	organisering (en)	[ɔrgani'seriŋ]
georganiseerd (bn)	organiserad	[ɔrgani'serad]
afzegging (de)	annullering (en)	[anʉ'Iˡeriŋ]
afzeggen (ww)	att inställa, att annullera	[at in'stɛlˡa], [at anʉ'Iˡera]
verslag (het)	rapport (en)	[ra'pɔ:ʈ]

patent (het)	patent (ett)	[pa'tɛnt]
patenteren (ww)	att patentera	[at patɛn'tera]
plannen (ww)	att planera	[at plˡa'nera]

premie (de)	bonus, premie (en)	['bʊnus], ['premiə]
professioneel (bn)	professionell	[prɔfeɧʊ'nɛlˡ]
procedure (de)	procedur (en)	[prʊsə'dʉ:r]

onderzoeken (contract, enz.)	att undersöka	[at 'undə‚ʂø:ka]
berekening (de)	beräkning (en)	[be'rɛkniŋ]
reputatie (de)	rykte (ett)	['rʏktə]
risico (het)	risk (en)	['risk]
beheren (managen)	att styra, att leda	[at 'styra], [at 'Iˡeda]

informatie (de)	upplysningar (pl)	['ʊp‚lysniŋar]
eigendom (bezit)	egendom (en)	['ɛgən‚dʊm]
unie (de)	förbund (ett)	['før‚bund]

levensverzekering (de)	livförsäkring (en)	['liv‚fœ:'ʂɛkriŋ]
verzekeren (ww)	att försäkra	[at fœ:'ʂɛkra]
verzekering (de)	försäkring (en)	[fœ:'ʂɛkriŋ]

veiling (de)	auktion (en)	[auk'ʃʊn]
verwittigen (ww)	att underrätta	[at 'undə‚ræta]
beheer (het)	ledning (en)	['lʲedniŋ]
dienst (de)	tjänst (en)	['ɕɛnst]

forum (het)	forum (ett)	['fʊrum]
functioneren (ww)	att fungera	[at fun'gera]
stap, etappe (de)	etapp (en)	[ɛ'tap]
juridisch (bn)	juridisk	[jʉ'ridisk]
jurist (de)	jurist (en)	[jʉ'rist]

72. Productie. Werken

industriële installatie (fabriek)	verk (ett)	['vɛrk]
fabriek (de)	fabrik (en)	[fab'rik]
werkplaatsruimte (de)	verkstad (en)	['vɛrk‚stad]
productielocatie (de)	produktionsplats (en)	[prɔduk'ʃʊn‚plʲats]

industrie (de)	industri (en)	[indu'stri:]
industrieel (bn)	industriell	[industri'ɛlʲ]
zware industrie (de)	tung industri (en)	['tuŋ indu'stri:]
lichte industrie (de)	lätt industri (en)	['lʲæt indu'stri:]

productie (de)	produktion (en)	[prɔduk'ʃʊn]
produceren (ww)	att producera	[at prɔdʉ'sera]
grondstof (de)	råvaror (pl)	['ro:‚varʊr]

voorman, ploegbaas (de)	förman, bas (en)	['førman], ['bas]
ploeg (de)	arbetslag (en)	['arbets‚lag]
arbeider (de)	arbetare (en)	['ar‚betarə]

werkdag (de)	arbetsdag (en)	['arbets‚dag]
pauze (de)	vilopaus (en)	['vilʲɔ‚paus]
samenkomst (de)	möte (ett)	['mø:tə]
bespreken (spreken over)	att dryfta, att diskutera	[at 'dryfta], [at diskʉ'tera]

plan (het)	plan (en)	['plʲan]
het plan uitvoeren	att uppfylla planen	[at 'up‚fylʲa 'planən]
productienorm (de)	produktionsmål (ett)	[prɔduk'ʃʊn‚mo:lʲ]
kwaliteit (de)	kvalité (en)	[kvali'te:]
controle (de)	kontroll (en)	[kɔn'trolʲ]
kwaliteitscontrole (de)	kvalitetskontroll (en)	[kvali'tets kɔn'trolʲ]

arbeidsveiligheid (de)	arbetarskydd (ett)	['arbeta:‚ʃyd]
discipline (de)	disciplin (en)	[disip'lin]
overtreding (de)	brott (ett)	['brɔt]

overtreden (ww)	att bryta	[at 'bryta]
staking (de)	strejk (en)	['strɛjk]
staker (de)	strejkande (en)	['strɛjkandə]
staken (ww)	att strejka	[at 'strɛjka]
vakbond (de)	fackförening (en)	['fakfø,reniŋ]

uitvinden (machine, enz.)	att uppfinna	[at 'up,fina]
uitvinding (de)	uppfinning (en)	['up,finiŋ]
onderzoek (het)	forskning (en)	['fo:ʂkniŋ]
verbeteren (beter maken)	att förbättra	[at før'bætra]
technologie (de)	teknologi (en)	[teknɔlʲɔ'gi:]
technische tekening (de)	teknisk ritning (en)	['tɛknisk 'ritniŋ]

vracht (de)	last (en)	['lʲast]
lader (de)	lastare (en)	['lʲastarə]
laden (vrachtwagen)	att lasta	[at 'lʲasta]
laden (het)	lastning (en)	['lʲastniŋ]

| lossen (ww) | att lasta av | [at 'lʲasta av] |
| lossen (het) | avlastning (en) | ['av,lʲastniŋ] |

transport (het)	transport (en)	[trans'pɔ:t]
transportbedrijf (de)	transportföretag (ett)	[trans'pɔ:t,føre'tag]
transporteren (ww)	att transportera	[at transpɔ:'tera]

goederenwagon (de)	godsvagn (en)	['gʊds,vagn]
tank (bijv. ketelwagen)	tank (en)	['taŋk]
vrachtwagen (de)	lastbil (en)	['lʲast,bilʲ]

| machine (de) | verktygsmaskin (en) | ['vɛrk,tygs ma'ɧi:n] |
| mechanisme (het) | mekanism (en) | [meka'nism] |

industrieel afval (het)	industriellt avfall (ett)	[industri'ɛlʲt 'avfalʲ]
verpakking (de)	packning (en)	['pakniŋ]
verpakken (ww)	att packa	[at 'paka]

73. Contract. Overeenstemming

contract (het)	kontrakt (ett)	[kɔn'trakt]
overeenkomst (de)	avtal (ett)	['avtalʲ]
bijlage (de)	tillägg (ett), bilaga (en)	['til,lʲɛ:g], ['bi,lʲaga]

een contract sluiten	att ingå avtal	[at 'ingo: 'avtalʲ]
handtekening (de)	signatur, underskrift (en)	[signa'tɵ:r], ['undə,ʂkrift]
ondertekenen (ww)	att underteckna	[at 'undə,tɛkna]
stempel (de)	stämpel (en)	['stɛmpəlʲ]

voorwerp (het) van de overeenkomst	kontraktets föremål (ett)	[kɔn'traktets 'førə,mo:lʲ]
clausule (de)	klausul (en)	[klau'sɵl]
partijen (mv.)	parter (pl)	['pa:ţer]
vestigingsadres (het)	juridisk adress (en)	[jɵ'ridisk a'drɛs]
het contract verbreken (overtreden)	att bryta kontraktet	[at 'bryta kɔn'traktet]

verplichting (de)	förpliktelse (en)	[før'pliktəlʲsə]
verantwoordelijkheid (de)	ansvar (ett)	['an‚svar]
overmacht (de)	force majeure (en)	[‚fɔrs ma'ʒøːr]
geschil (het)	tvist (en)	['tvist]
sancties (mv.)	straffavgifter (pl)	['straf‚av'jiftər]

74. Import & Export

import (de)	import (en)	[im'pɔːt]
importeur (de)	importör (en)	[impɔ:'tø:r]
importeren (ww)	att importera	[at impɔ:'tera]
import- (abn)	import-	[im'pɔːt-]

uitvoer (export)	export (en)	['ɛkspɔːt]
exporteur (de)	exportör (en)	[ɛkspɔ:'tø:r]
exporteren (ww)	att exportera	[at ɛkspɔ:'tera]
uitvoer- (bijv., ~goederen)	export-	['ɛkspɔːt-]

goederen (mv.)	vara (en)	['vara]
partij (de)	parti (ett)	[pa:'ţiː]

gewicht (het)	vikt (en)	['vikt]
volume (het)	volym (en)	[vɔ'lʲym]
kubieke meter (de)	kubikmeter (en)	[kʉ'bik‚metər]

producent (de)	producent (en)	[prɔdʉ'sɛnt]
transportbedrijf (de)	transportföretag (ett)	[trans'pɔ:ţ‚førə'tag]
container (de)	container (en)	[kɔn'tɛjnər]

grens (de)	gräns (en)	['grɛns]
douane (de)	tull (en)	['tulʲ]
douanerecht (het)	tullavgift (en)	['tulʲ‚av'jift]
douanier (de)	tulltjänsteman (en)	['tulʲ 'ɕɛnstə‚man]
smokkelen (het)	smuggling (en)	['smuglin]
smokkelwaar (de)	smuggelgods (ett)	['smugəlʲ‚gʊds]

75. Financiën

aandeel (het)	aktie (en)	['aktsiə]
obligatie (de)	obligation (en)	[ɔbliga'ɧʊn]
wissel (de)	växel (en)	['vɛksəlʲ]

beurs (de)	börs (en)	['bøːʂ]
aandelenkoers (de)	aktiekurs (en)	['aktsiə‚kuːʂ]

dalen (ww)	att gå ner	[at 'goː ‚ner]
stijgen (ww)	att gå upp	[at 'goː 'up]

deel (het)	andel (en)	['an‚del]
meerderheidsbelang (het)	aktiemajoritet (en)	['aktsiə majʊri'tet]
investeringen (mv.)	investering (en)	[invə'sterin]
investeren (ww)	att investera	[at invə'stera]

| procent (het) | procent (en) | [prʊ'sɛnt] |
| rente (de) | ränta (en) | ['rɛnta] |

winst (de)	vinst, förtjänst (en)	['vinst], [fœ:'ɕɛ:nst]
winstgevend (bn)	fördelaktig	[fø:dəlʲ'aktig]
belasting (de)	skatt (en)	['skat]

valuta (vreemde ~)	valuta (en)	[va'lʉ:ta]
nationaal (bn)	nationell	[natɧʊ'nɛlʲ]
ruil (de)	växling (en)	['vɛkslin]

| boekhouder (de) | bokförare (en) | ['bʊk͜fø:rarə] |
| boekhouding (de) | bokföring (en) | ['bʊk͜fø:rin] |

bankroet (het)	konkurs (en)	[kɔn'ku:ʂ]
ondergang (de)	krasch (en)	['kraʃ]
faillissement (het)	ruin (en)	[rʉ'in]
geruïneerd zijn (ww)	att ruinera sig	[at rʉi'nera sɛj]
inflatie (de)	inflation (en)	[inflʲa'ɧʊn]
devaluatie (de)	devalvering (en)	[devalʲ'verin]

kapitaal (het)	kapital (ett)	[kapi'talʲ]
inkomen (het)	inkomst (en)	['in͜kɔmst]
omzet (de)	omsättning (en)	['ɔm͜sætnin]
middelen (mv.)	resurser (pl)	[re'su:ʂər]
financiële middelen (mv.)	penningmedel (pl)	['pɛnin͜medəlʲ]
operationele kosten (mv.)	fasta utgifter (pl)	['fasta 'ʉt͜jiftər]
reduceren (kosten ~)	att reducera	[at redʉ'sera]

76. Marketing

marketing (de)	marknadsföring (en)	['marknads͜fø:rin]
markt (de)	marknad (en)	['marknad]
marktsegment (het)	marknadsegment (ett)	['marknad seg'mɛnt]
product (het)	produkt (en)	[prɔ'dukt]
goederen (mv.)	vara (en)	['vara]

merk (het)	varumärke (ett)	['varʉ͜mæ:rkə]
handelsmerk (het)	varumärke (ett)	['varʉ͜mæ:rkə]
beeldmerk (het)	firmamärke (ett)	['firma͜mæ:rkə]
logo (het)	logotyp (en)	['lʲogotyp]
vraag (de)	efterfrågan (en)	['ɛftə͜fro:gan]
aanbod (het)	utbud (ett)	['ʉt͜bʉd]
behoefte (de)	behov (ett)	[be'hʊv]
consument (de)	konsument, förbrukare (en)	[kɔnsu'mɛnt], [før'brʉ:karə]

analyse (de)	analys (en)	[ana'lʲys]
analyseren (ww)	att analysera	[at analʲy'sera]
positionering (de)	positionering (en)	[pʊsiɧʊ'nerin]
positioneren (ww)	att positionera	[at pɔsiɧʊ'nera]

prijs (de)	pris (ett)	['pris]
prijspolitiek (de)	prispolitik (en)	['pris pʊli'tik]
prijsvorming (de)	prisbildning (en)	['pris͜bilʲdnin]

77. Reclame

reclame (de)	reklam (en)	[rɛ'klʲam]
adverteren (ww)	att reklamera	[at rɛklʲa'mera]
budget (het)	budget (en)	['budjet]

advertentie, reclame (de)	annons (en)	[a'nɔns]
TV-reclame (de)	tv-reklam (ett)	['teve rɛ'klʲam]
radioreclame (de)	radioreklam (en)	['radiʊ rɛ'klʲam]
buitenreclame (de)	utomhusreklam (en)	['ʉtɔm,hʉs rɛ'klʲam]

massamedia (de)	massmedier (pl)	['mas,mediər]
periodiek (de)	tidskrift (en)	['tid,skrift]
imago (het)	image (en)	['imidʒ]

| slagzin (de) | slogan (en) | ['slʲɔgan] |
| motto (het) | motto (ett) | ['mɔtʊ] |

campagne (de)	kampanj (en)	[kam'panʲ]
reclamecampagne (de)	reklamkampanj (en)	[rɛ'klʲam kam'panʲ]
doelpubliek (het)	målgrupp (en)	['mo:lʲ,grup]

visitekaartje (het)	visitkort (ett)	[vi'sit,kɔ:t]
flyer (de)	reklamblad (ett)	[rɛ'klʲam,blʲad]
brochure (de)	broschyr (en)	[brɔ'ʃyr]
folder (de)	folder (en)	['foldə]
nieuwsbrief (de)	nyhetsbrev (ett)	['nyhets,brev]

gevelreclame (de)	skylt (en)	['ʃylʲt]
poster (de)	poster, löpsedel (en)	['pɔstər], ['løp,sedəlʲ]
aanplakbord (het)	reklamskylt (en)	[rɛ'klʲam,ʃylʲt]

78. Bankieren

| bank (de) | bank (en) | ['baŋk] |
| bankfiliaal (het) | avdelning (en) | [av'dɛlʲniŋ] |

| bankbediende (de) | konsulent (en) | [kɔnsu'lʲɛnt] |
| manager (de) | föreståndare (en) | [førə'stɔndarə] |

bankrekening (de)	bankkonto (ett)	['baŋk,kɔntʊ]
rekeningnummer (het)	kontonummer (ett)	['kɔntʊ,numər]
lopende rekening (de)	checkkonto (ett)	['ɕɛk,kɔntʊ]
spaarrekening (de)	sparkonto (ett)	['spar,kɔntʊ]

een rekening openen	att öppna ett konto	[at 'øpna ɛt 'kɔntʊ]
de rekening sluiten	att avsluta kontot	[at 'av,slʉ:ta 'kɔntʊt]
op rekening storten	att sätta in på kontot	[at 'sæta in pɔ 'kɔntʊt]
opnemen (ww)	att ta ut från kontot	[at ta ʉt frɔn 'kɔntʊt]

storting (de)	insats (en)	['in,sats]
een storting maken	att sätta in	[at 'sæta in]
overschrijving (de)	överföring (en)	['ø:və,fø:riŋ]

een overschrijving maken	att överföra	[at ø:vəˌføra]
som (de)	summa (en)	['suma]
Hoeveel?	Hur mycket?	[hʉr 'mʏkə]

| handtekening (de) | signatur, underskrift (en) | [signa'tʉ:r], ['undəˌskrift] |
| ondertekenen (ww) | att underteckna | [at 'undəˌtɛkna] |

kredietkaart (de)	kreditkort (ett)	[kre'ditˌkɔ:t]
code (de)	kod (en)	['kɔd]
kredietkaartnummer (het)	kreditkortsnummer (ett)	[kre'ditˌkɔ:ʈs 'numər]
geldautomaat (de)	bankomat (en)	[baŋkʉ'mat]

cheque (de)	check (en)	['ɕɛk]
een cheque uitschrijven	att skriva en check	[at 'skriva en 'ɕɛk]
chequeboekje (het)	checkbok (en)	['ɕɛkˌbʊk]

lening, krediet (de)	lån (ett)	['lʲo:n]
een lening aanvragen	att ansöka om lån	[at 'anˌsø:ka ɔm 'lʲo:n]
een lening nemen	att få ett lån	[at fo: et 'lʲo:n]
een lening verlenen	att ge ett lån	[at je: et 'lʲo:n]
garantie (de)	garanti (en)	[garan'ti:]

79. Telefoon. Telefoongesprek

telefoon (de)	telefon (en)	[telʲe'fɔn]
mobieltje (het)	mobiltelefon (en)	[mɔ'bilʲ telʲe'fɔn]
antwoordapparaat (het)	telefonsvarare (en)	[telʲe'fɔnˌsvararə]

| bellen (ww) | att ringa | [at 'riŋa] |
| belletje (telefoontje) | telefonsamtal (en) | [telʲe'fɔnˌsamtalʲ] |

| een nummer draaien | att slå nummer | [at 'slʲo: 'numər] |
| Hallo! | Hallå! | [ha'lʲo:] |

| vragen (ww) | att fråga | [at 'fro:ga] |
| antwoorden (ww) | att svara | [at 'svara] |

| horen (ww) | att höra | [at 'hø:ra] |
| goed (bw) | gott, bra | ['gɔt], ['bra] |

| slecht (bw) | dåligt | ['do:lit] |
| storingen (mv.) | bruser, störningar (pl) | ['brʉ:ser], ['stø:ŋiŋar] |

hoorn (de)	telefonlur (en)	[telʲe'fɔnˌlʉ:r]
opnemen (ww)	att lyfta telefonluren	[at 'lʲyfta telʲe'fɔn 'lʉ:rən]
ophangen (ww)	att lägga på	[at 'lʲɛga pɔ]

bezet (bn)	upptagen	['upˌtagən]
overgaan (ww)	att ringa	[at 'riŋa]
telefoonboek (het)	telefonkatalog (en)	[telʲe'fɔn kata'lʲɔg]

lokaal gesprek (het)	lokalsamtal (ett)	[lʲɔ'kalʲˌsamtalʲ]
interlokaal gesprek (het)	rikssamtal (ett)	['riksˌsamtalʲ]
buitenlands (bn)	internationell	['intɛ:ɳatʃʊˌnɛlʲ]

80. Mobiele telefoon

mobieltje (het)	mobiltelefon (en)	[mɔ'bilʲ telʲe'fɔn]
scherm (het)	skärm (en)	['ɧæːrm]
toets, knop (de)	knapp (en)	['knap]
simkaart (de)	SIM-kort (ett)	['sim͵kɔːt]
batterij (de)	batteri (ett)	[batɛ'riː]
leeg zijn (ww)	att bli urladdad	[at bli 'ʉː͵lʲadad]
acculader (de)	laddare (en)	['lʲadarə]
menu (het)	meny (en)	[me'ny]
instellingen (mv.)	inställningar (pl)	['in͵stɛlʲniŋar]
melodie (beltoon)	melodi (en)	[melʲo'diː]
selecteren (ww)	att välja	[at 'vɛlja]
rekenmachine (de)	kalkylator (en)	[kalʲky'lʲatʊr]
voicemail (de)	telefonsvarare (en)	[telʲe'fɔn͵svararə]
wekker (de)	väckarklocka, alarm (en)	['vɛkar͵klʲɔka], [a'lʲarm]
contacten (mv.)	kontakter (pl)	[kɔn'taktər]
SMS-bericht (het)	SMS meddelande (ett)	[ɛsɛ'mɛs me'delʲandə]
abonnee (de)	abonnent (en)	[abɔ'nɛnt]

81. Schrijfbehoeften

balpen (de)	kulspetspenna (en)	['kʉlʲspets͵pɛna]
vulpen (de)	reservoarpenna (en)	[resɛrvʊ'ar͵pɛna]
potlood (het)	blyertspenna (en)	['blʲyɛːʈs͵pɛna]
marker (de)	märkpenna (en)	['mœrk͵pɛna]
viltstift (de)	tuschpenna (en)	['tuːʃ͵pɛna]
notitieboekje (het)	block (ett)	['blʲɔk]
agenda (boekje)	dagbok (en)	['dag͵bʊk]
liniaal (de/het)	linjal (en)	[li'njalʲ]
rekenmachine (de)	kalkylator (en)	[kalʲky'lʲatʊr]
gom (de)	suddgummi (ett)	['sud͵gumi]
punaise (de)	häftstift (ett)	['hɛft͵stift]
paperclip (de)	gem (ett)	['gem]
lijm (de)	lim (ett)	['lim]
nietmachine (de)	häftapparat (en)	['hɛft apa͵rat]
perforator (de)	hålslag (ett)	['hoːlʲ͵slʲag]
potloodslijper (de)	pennvässare (en)	['pɛn͵vɛsarə]

82. Soorten bedrijven

boekhouddiensten (mv.)	bokföringstjänster (en)	['bʊk͵føːriŋ 'ɕɛnstər]
reclame (de)	reklam (en)	[rɛ'klʲam]

reclamebureau (het)	reklambyrå (en)	[rɛ'klʲamby‚ro:]
airconditioning (de)	luftkonditionering (en)	['lʉft‚kɔndiɳʉ'neriŋ]
luchtvaartmaatschappij (de)	flygbolag (ett)	['flʲyg‚bʉlʲag]
alcoholische dranken (mv.)	alkoholhaltiga drycker (pl)	[alʲkʉ'hɔlʲ‚halʲtiga 'drʏkər]
antiek (het)	antikviteter (pl)	[antikvi'tetər]
kunstgalerie (de)	konstgalleri (ett)	['kɔnst galʲe'ri:]
audit diensten (mv.)	revisiontjänster (pl)	[revi'ɧʉn‚ɕɛnstər]
banken (mv.)	bankaffärer (pl)	['baŋk a'fæ:rər]
bar (de)	bar (en)	['bar]
schoonheidssalon (de/het)	skönhetssalong (en)	['ɧø:nhets sa'lʲɔŋ]
boekhandel (de)	bokhandel (en)	['bʉk‚handəlʲ]
bierbrouwerij (de)	bryggeri (ett)	[brʏge'ri:]
zakencentrum (het)	affärscentrum (ett)	[a'fæ:ʂ‚sɛntrum]
business school (de)	affärsskola (en)	[a'fæ:ʂ‚skʉlʲa]
casino (het)	kasino (ett)	[ka'sinʉ]
bouwbedrijven (mv.)	byggbranch (en)	['bʏgbranɕ]
adviesbureau (het)	konsulttjänster (pl)	[kɔn'sulʲt‚ɕɛnstər]
tandheelkunde (de)	tandklinik (en)	['tand kli'nik]
design (het)	design (en)	[de'sajn]
apotheek (de)	apotek (ett)	[apʉ'tek]
stomerij (de)	kemtvätt (en)	['ɕemtvæt]
uitzendbureau (het)	arbetsförmedling (en)	['arbets‚før'medliŋ]
financiële diensten (mv.)	finansiella tjänster (pl)	[finan'sjɛlʲa 'ɕɛnstər]
voedingswaren (mv.)	matvaror (pl)	['mat‚varʉr]
uitvaartcentrum (het)	begravningsbyrå (en)	[be'gravniŋs‚byro:]
meubilair (het)	möbel (en)	['mø:bəlʲ]
kleding (de)	kläder (pl)	['klʲɛ:dər]
hotel (het)	hotell (ett)	[hʉ'tɛlʲ]
IJsje (het)	glass (en)	['glʲas]
industrie (de)	industri (en)	[indu'stri:]
verzekering (de)	försäkring (en)	[fœ:'sɛkriŋ]
Internet (het)	Internet	['intɛ:‚ɳɛt]
investeringen (mv.)	investering (en)	[invə'steriŋ]
juwelier (de)	juvelerare (en)	[jʉvə'lʲe:rarə]
juwelen (mv.)	smycken (pl)	['smʏkən]
wasserette (de)	tvätteri (ett)	[tvæte'ri:]
juridische diensten (mv.)	juridisk rådgivare (pl)	[jʉ'ridisk 'ro:djivarə]
lichte industrie (de)	lätt industri (en)	[lʲæt indu'stri:]
tijdschrift (het)	tidskrift (en)	['tid‚skrift]
postorderbedrijven (mv.)	postorderförsäljning (en)	['pɔst‚ɔ:dər fœ:'sɛljniŋ]
medicijnen (mv.)	medicin (en)	[medi'sin]
bioscoop (de)	biograf (en)	[biʉ'graf]
museum (het)	museum (ett)	[mʉ'seum]
persbureau (het)	nyhetsbyrå (en)	['nyhets by'ro:]
krant (de)	tidning (en)	['tidniŋ]
nachtclub (de)	nattklubb (en)	['nat‚klʉb]
olie (aardolie)	olja (en)	['ɔlja]

koerierdienst (de)	budtjänst (en)	['bʉːt͵ɕɛnst]
geneesmiddelen (mv.)	farmaci (en)	[farma'siː]
drukkerij (de)	tryckeri (ett)	[trʏke'riː]
uitgeverij (de)	förlag (ett)	[fœː'l̺ag]
radio (de)	radio (en)	['radiʉ]
vastgoed (het)	fastighet (en)	['fastig͵het]
restaurant (het)	restaurang (en)	[rɛstɔ'raŋ]
bewakingsfirma (de)	säkerhetsbyrå (en)	['sɛːkərhets͵by'roː]
sport (de)	sport (en)	['spɔːt̺]
handelsbeurs (de)	börs (en)	['bøː͚s]
winkel (de)	affär, butik (en)	[a'fæːr], [bu'tik]
supermarkt (de)	snabbköp (ett)	['snab͵ɕøːp]
zwembad (het)	simbassäng (en)	['simba͵sɛŋ]
naaiatelier (het)	skrädderi (ett)	[skrɛde'riː]
televisie (de)	television (en)	[tel̺evi'fʊn]
theater (het)	teater (en)	[te'atər]
handel (de)	handel (en)	['handəl̺]
transport (het)	transport (en)	[trans'pɔːt̺]
toerisme (het)	turism (en)	[tu'rism]
dierenarts (de)	veterinär (en)	[vetəri'næːr]
magazijn (het)	lager (en)	['l̺agər]
afvalinzameling (de)	avfallshantering (en)	['avfal̺s͵hanteriŋ]

Baan. Business. Deel 2

83. Show. Tentoonstelling

beurs (de)	mässa (en)	['mɛsa]
vakbeurs, handelsbeurs (de)	handelsmässa (en)	['handəlʲsˌmɛsa]
deelneming (de)	deltagande (ett)	['delʲˌtagandə]
deelnemen (ww)	att delta	[at 'dɛlʲta]
deelnemer (de)	deltagare (en)	['delʲˌtagarə]
directeur (de)	direktör (en)	[dirɛk'tø:r]
organisatiecomité (het)	arrangörskontor (ett)	[aran'ŋør kɔn'tʊr]
organisator (de)	arrangör (en)	[aran'jø:r]
organiseren (ww)	att organisera	[at ɔrgani'sera]
deelnemingsaanvraag (de)	deltagarformulär (ett)	['delʲtagarˌfɔrmu'lʲæ:r]
invullen (een formulier ~)	att fylla i	[at 'fylʲa 'i]
details (mv.)	detaljer (pl)	[de'taljər]
informatie (de)	information (en)	[infɔrma'ŋʊn]
prijs (de)	pris (ett)	['pris]
inclusief (bijv. ~ BTW)	inklusive	['iŋklʉˌsivə]
inbegrepen (alles ~)	att inkludera	[at iŋklʉ'dera]
betalen (ww)	att betala	[at be'talʲa]
registratietarief (het)	registreringsavgift (en)	[reji'streriŋs 'avˌjift]
ingang (de)	ingång (en)	['inˌgɔŋ]
paviljoen (het), hal (de)	paviljong (en)	[pavi'ljɔŋ]
registreren (ww)	att registrera	[at regi'strera]
badge, kaart (de)	bricka (en)	['brika]
beursstand (de)	monter (en)	['mɔntər]
reserveren (een stand ~)	att reservera	[at resɛr'vera]
vitrine (de)	glasmonter (en)	['glʲasˌmɔntər]
licht (het)	spotlight (en)	['spotˌlajt]
design (het)	design (en)	[de'sajn]
plaatsen (ww)	att placera	[at plʲa'sera]
geplaatst zijn (ww)	att bli placerat	[at bli plʲa'serat]
distributeur (de)	distributör (en)	[distribʉ'tø:r]
leverancier (de)	leverantör (en)	[lʲevəran'tø:r]
leveren (ww)	att förse, att leverera	[at fœ:'şə], [at lʲeve'rera]
land (het)	land (ett)	['lʲand]
buitenlands (bn)	utländsk	['ʉtˌlʲɛŋsk]
product (het)	produkt (en)	[prɔ'dukt]
associatie (de)	förening (en)	[fø'reniŋ]
conferentiezaal (de)	konferenssal (en)	[kɔnfe'rænsˌsalʲ]

congres (het)	kongress (en)	[kɔŋ'grɛs]
wedstrijd (de)	tävling (en)	['tɛvlʲiŋ]

bezoeker (de)	besökare (en)	[be'sø:karə]
bezoeken (ww)	att besöka	[at be'sø:ka]
afnemer (de)	kund, beställare (en)	['kund], [be'stɛlʲarə]

84. Wetenschap. Onderzoek. Wetenschappers

wetenschap (de)	vetenskap (en)	['vetən‚skap]
wetenschappelijk (bn)	vetenskaplig	['vetən‚skaplig]
wetenschapper (de)	vetenskapsman (en)	['vetənskaps‚man]
theorie (de)	teori (en)	[teʊ'ri:]

axioma (het)	axiom (ett)	[aksi'ɔm]
analyse (de)	analys (en)	[ana'lʲys]
analyseren (ww)	att analysera	[at analʲy'sera]
argument (het)	argument (ett)	[argʉ'mɛnt]
substantie (de)	stoff (ett), substans (en)	['stof], ['sʉbstans]

hypothese (de)	hypotes (en)	[hypɔ'tɛs]
dilemma (het)	dilemma (ett)	['dilʲema]
dissertatie (de)	avhandling (en)	['av‚handliŋ]
dogma (het)	dogm (en)	['dɔgm]

doctrine (de)	doktrin (en)	[dɔk'trin]
onderzoek (het)	forskning (en)	['fɔ:ʂkniŋ]
onderzoeken (ww)	att forska	[at 'fɔ:ʂka]
toetsing (de)	test (ett)	['tɛst]
laboratorium (het)	laboratorium (ett)	[lʲabɔra'tɔrium]

methode (de)	metod (en)	[me'tɔd]
molecule (de/het)	molekyl (en)	[mɔlʲe'kylʲ]
monitoring (de)	övervakning (en)	['ø:və‚vakniŋ]
ontdekking (de)	upptäckt (en)	['up‚tɛkt]

postulaat (het)	postulat (ett)	[pɔstʉ'lʲat]
principe (het)	princip (en)	[prin'sip]
voorspelling (de)	prognos (en)	[prɔ'gnɔs]
een prognose maken	att prognostisera	[at prɔŋɔsti'sera]

synthese (de)	syntes (en)	[syn'tes]
tendentie (de)	tendens (en)	[tɛn'dɛns]
theorema (het)	teorém (ett)	[teʊ're:m]

leerstellingen (mv.)	läran (pl)	['lʲæ:ran]
feit (het)	faktum (ett)	['faktum]
expeditie (de)	expedition (en)	[ɛkspedi'fjun]
experiment (het)	experiment (ett)	[ɛksperi'mɛnt]

academicus (de)	akademiker (en)	[aka'demikər]
bachelor (bijv. BA, LLB)	bachelor (en)	[baɕelor]
doctor (de)	doktor (en)	['dɔktʊr]
universitair docent (de)	docent (en)	[dɔ'sɛnt]

master, magister (de)	**magister (en)**	[ma'jistər]
professor (de)	**professor (en)**	[prɔ'fɛsʊr]

Beroepen en ambachten

85. Zoeken naar werk. Ontslag

baan (de)	arbete, jobb (ett)	['arbetə], ['job]
werknemers (mv.)	personal, stab (en)	[pɛsʉ'nalʲ], ['stab]
personeel (het)	personal (en)	[pɛsʉ'nalʲ]
carrière (de)	karriär (en)	[kari'æ:r]
vooruitzichten (mv.)	utsikter (pl)	['ʉt‚siktər]
meesterschap (het)	mästerskap (ett)	['mɛstə‚skap]
keuze (de)	urval (ett)	['ʉ:r‚valʲ]
uitzendbureau (het)	arbetsförmedling (en)	['arbets‚før'medliŋ]
CV, curriculum vitae (het)	meritförteckning (en)	[me'rit‚fœ:'tɛkniŋ]
sollicitatiegesprek (het)	jobbsamtal (ett)	['job‚samtalʲ]
vacature (de)	vakans (en)	['vakans]
salaris (het)	lön (en)	['lʲø:n]
vaste salaris (het)	fast lön (en)	['fast ‚lʲø:n]
loon (het)	betalning (en)	[be'talʲniŋ]
betrekking (de)	ställning (en)	['stɛlʲniŋ]
taak, plicht (de)	plikt (en)	['plikt]
takenpakket (het)	arbetsplikter (pl)	['arbets‚pliktər]
bezig (~ zijn)	upptagen	['up‚tagən]
ontslagen (ww)	att avskeda	[at 'av‚ɦeda]
ontslag (het)	avsked (ett)	['avɦed]
werkloosheid (de)	arbetslöshet (en)	['arbets‚lʲø:shet]
werkloze (de)	arbetslös (en)	['arbets‚lʲø:s]
pensioen (het)	pension (en)	[pan'ɧʉn]
met pensioen gaan	att gå i pension	[at 'go: i pan'ɧʉn]

86. Zakenmensen

directeur (de)	direktör (en)	[dirɛk'tø:r]
beheerder (de)	föreståndare (en)	[førə'stɔndarə]
hoofd (het)	boss (en)	['bɔs]
baas (de)	överordnad (en)	['ø:vər‚ɔ:dnat]
superieuren (mv.)	överordnade (pl)	['ø:vər‚ɔ:dnadə]
president (de)	president (en)	[prɛsi'dɛnt]
voorzitter (de)	ordförande (en)	['ʉ:d‚førandə]
adjunct (de)	ställföreträdare (en)	['stɛlʲ‚fœre'trɛ:darə]
assistent (de)	assistent (en)	[asi'stɛnt]

secretaris (de)	sekreterare (en)	[sɛkrə'terarə]
persoonlijke assistent (de)	privatsekreterare (en)	[pri'vat sɛkrə'terarə]

zakenman (de)	affärsman (en)	[a'fæːʂˌman]
ondernemer (de)	entreprenör (en)	[æntepre'nøːr]
oprichter (de)	grundläggare (en)	['grʉndˌlʲɛgarə]
oprichten	att grunda	[at 'grʉnda]
(een nieuw bedrijf ~)		

stichter (de)	stiftare (en)	['stiftarə]
partner (de)	partner (en)	['paːʈnər]
aandeelhouder (de)	aktieägare (en)	['aktsiəˌɛːgarə]

miljonair (de)	miljonär (en)	[miljʉ'næːr]
miljardair (de)	miljardär (en)	[milja:'dʲæːr]
eigenaar (de)	ägare (en)	['ɛːgarə]
landeigenaar (de)	jordägare (en)	['jʉːdˌɛːgarə]

klant (de)	kund (en)	['kund]
vaste klant (de)	stamkund (en)	['stamˌkund]
koper (de)	köpare (en)	['ɕøːparə]
bezoeker (de)	besökare (en)	[be'søːkarə]
professioneel (de)	yrkesman (en)	['yrkəsˌman]
expert (de)	expert (en)	[ɛks'pɛːʈ]
specialist (de)	specialist (en)	[spesia'list]

bankier (de)	bankir (en)	[baŋ'kir]
makelaar (de)	mäklare (en)	['mɛklʲarə]

kassier (de)	kassör (en)	[ka'søːr]
boekhouder (de)	bokförare (en)	['bʊkˌføːrarə]
bewaker (de)	säkerhetsvakt (en)	['sɛːkərhetsˌvakt]

investeerder (de)	investerare (en)	[invɛ'sterarə]
schuldenaar (de)	gäldenär (en)	[jɛlʲdɛ'næːr]
crediteur (de)	kreditor (en)	[kre'ditʊr]
lener (de)	låntagare (en)	['lʲoːnˌtagarə]

importeur (de)	importör (en)	[impɔ:'ʈøːr]
exporteur (de)	exportör (en)	[ɛkspɔ:'ʈøːr]

producent (de)	producent (en)	[prɔdʉ'sɛnt]
distributeur (de)	distributör (en)	[distribʉ'tøːr]
bemiddelaar (de)	mellanhand (en)	['mɛlʲanˌhand]

adviseur, consulent (de)	konsulent (en)	[kɔnsu'lʲɛnt]
vertegenwoordiger (de)	representant (en)	[represən'tant]
agent (de)	agent (en)	[a'gɛnt]
verzekeringsagent (de)	försäkringsagent (en)	[fœː'ʂɛkriŋs a'gɛnt]

87. Dienstverlenende beroepen

kok (de)	kock (en)	['kɔk]
chef-kok (de)	kökschef (en)	['ɕœksˌʃef]

bakker (de)	**bagare (en)**	['bagarə]
barman (de)	**bartender (en)**	['ba:ˌtɛndər]
kelner, ober (de)	**servitör (en)**	[sɛrvi'tø:r]
serveerster (de)	**servitris (en)**	[sɛrvi'tris]

advocaat (de)	**advokat (en)**	[advʊ'kat]
jurist (de)	**jurist (en)**	[jɵ'rist]
notaris (de)	**notarius publicus (en)**	[nʊ'tariʊs 'publikɵs]

elektricien (de)	**elektriker (en)**	[ɛ'lʲektrikər]
loodgieter (de)	**rörmokare (en)**	['rø:rˌmɔkarə]
timmerman (de)	**timmerman (en)**	['timərˌman]

masseur (de)	**massör (en)**	[ma'sø:r]
masseuse (de)	**massös (en)**	[ma'sø:s]
dokter, arts (de)	**läkare (en)**	['lʲɛ:karə]

taxichauffeur (de)	**taxichaufför (en)**	['taksi ɧɔ'fø:r]
chauffeur (de)	**chaufför (en)**	[ɧɔ'fø:r]
koerier (de)	**bud (en)**	['bɵ:d]

kamermeisje (het)	**städerska (en)**	['stɛ:dɛʂka]
bewaker (de)	**säkerhetsvakt (en)**	['sɛ:kərhetsˌvakt]
stewardess (de)	**flygvärdinna (en)**	['flʲygˌvæ:dina]

meester (de)	**lärare (en)**	['lʲæ:rarə]
bibliothecaris (de)	**bibliotekarie (en)**	[bibliɵte'karie]
vertaler (de)	**översättare (en)**	['ø:vəˌsætarə]
tolk (de)	**tolk (en)**	['tɔlʲk]
gids (de)	**guide (en)**	['gajd]

kapper (de)	**frisör (en)**	[fri'sø:r]
postbode (de)	**brevbärare (en)**	['brevˌbæ:rarə]
verkoper (de)	**försäljare (en)**	[fœ:'ʂɛljarə]

tuinman (de)	**trädgårdsmästare (en)**	['trɛ:go:ɖs 'mɛstarə]
huisbediende (de)	**tjänare (en)**	['ɕɛ:narə]
dienstmeisje (het)	**tjänarinna (en)**	[ɕɛ:na'rina]
schoonmaakster (de)	**städerska (en)**	['stɛ:dɛʂka]

88. Militaire beroepen en rangen

soldaat (rang)	**menig (en)**	['menig]
sergeant (de)	**sergeant (en)**	[sɛr'ɧant]
luitenant (de)	**löjtnant (en)**	['lʲœjtˌnant]
kapitein (de)	**kapten (en)**	[kap'ten]

majoor (de)	**major (en)**	[ma'jʊ:r]
kolonel (de)	**överste (en)**	['ø:vəʂtə]
generaal (de)	**general (en)**	[jene'ralʲ]
maarschalk (de)	**marskalk (en)**	[ma:'ʂalʲk]
admiraal (de)	**amiral (en)**	[ami'ralʲ]
militair (de)	**militär (en)**	[mili'tæ:r]
soldaat (de)	**soldat (en)**	[sʊlʲ'dat]

| officier (de) | officer (en) | [ɔfi'se:r] |
| commandant (de) | befälhavare (en) | [be'fɛl ,havarə] |

grenswachter (de)	gränsvakt (en)	['grɛns,vakt]
marconist (de)	radiooperatör (en)	['radiʊ ɔpera'tør]
verkenner (de)	spaningssoldat (en)	['spaniŋs sʊlʲ'dat]
sappeur (de)	pionjär (en)	[piʊ'njæ:r]
schutter (de)	skytt (en)	['ʃʏt]
stuurman (de)	styrman (en)	['styr,man]

89. Ambtenaren. Priesters

| koning (de) | kung (en) | ['kuŋ] |
| koningin (de) | drottning (en) | ['drɔtniŋ] |

| prins (de) | prins (en) | ['prins] |
| prinses (de) | prinsessa (en) | [prin'sɛsa] |

| tsaar (de) | tsar (en) | ['tsar] |
| tsarina (de) | tsarinna (en) | [tsa'rina] |

president (de)	president (en)	[prɛsi'dɛnt]
minister (de)	minister (en)	[mi'nistər]
eerste minister (de)	statsminister (en)	['stats mi'nistər]
senator (de)	senator (en)	[se'natʊr]

diplomaat (de)	diplomat (en)	[diplʲɔ'mat]
consul (de)	konsul (en)	['kɔnsulʲ]
ambassadeur (de)	ambassadör (en)	[ambasa'dø:r]
adviseur (de)	rådgivare (en)	['ro:d jivarə]

ambtenaar (de)	tjänsteman (en)	['ɕɛnstə,man]
prefect (de)	prefekt (en)	[pre'fɛkt]
burgemeester (de)	borgmästare (en)	['bɔrj,mɛstarə]

| rechter (de) | domare (en) | ['dʊmarə] |
| aanklager (de) | åklagare (en) | [ɔ:'klʲagarə] |

missionaris (de)	missionär (en)	[miɧʊ'næ:r]
monnik (de)	munk (en)	['muŋk]
abt (de)	abbé (en)	[a'be:]
rabbi, rabbijn (de)	rabbin (en)	[ra'bin]

vizier (de)	vesir (en)	[ve'syr]
sjah (de)	schah (en)	['ʃa:]
sjeik (de)	schejk (en)	['ʃɛjk]

90. Agrarische beroepen

imker (de)	biodlare (en)	['biˌʊdlʲarə]
herder (de)	herde (en)	['hɛ:də]
landbouwkundige (de)	agronom (en)	[agrʊ'nɔm]

veehouder (de)	boskapsskötare (en)	['bʊskaps,ɧøːtarə]
dierenarts (de)	veterinär (en)	[vetəri'næːr]

landbouwer (de)	lantbrukare, bonde (en)	['lʲantˌbrʉːkarə], ['bʊndə]
wijnmaker (de)	vinodlare (en)	['vinˌʊdlʲarə]
zoöloog (de)	zoolog (en)	[sʊɔ'lʲɔg]
cowboy (de)	cowboy (en)	['kaʊˌbɔj]

91. Kunst beroepen

acteur (de)	skådespelare (en)	['skoːdəˌspelʲarə]
actrice (de)	skådespelerska (en)	['skoːdəˌspelʲeʂka]

zanger (de)	sångare (en)	['sɔŋarə]
zangeres (de)	sångerska (en)	['sɔŋɛʂka]

danser (de)	dansör (en)	[dan'søːr]
danseres (de)	dansös (en)	[dan'søːs]

artiest (mann.)	skådespelare (en)	['skoːdəˌspelʲarə]
artiest (vrouw.)	skådespelerska (en)	['skoːdəˌspelʲeʂka]

muzikant (de)	musiker (en)	['mʉsikər]
pianist (de)	pianist (en)	[pia'nist]
gitarist (de)	gitarrspelare (en)	[ji'tarˌspelʲarə]

orkestdirigent (de)	dirigent (en)	[diri'ɧɛnt]
componist (de)	komponist (en)	[kɔmpo'nist]
impresario (de)	impressario (en)	[imprɛ'sariʊ]

filmregisseur (de)	regissör (en)	[reɧi'søːr]
filmproducent (de)	producent (en)	[prɔdʉ'sɛnt]
scenarioschrijver (de)	manusförfattare (en)	['manusˌfør'fatarə]
criticus (de)	kritiker (en)	['kritikər]

schrijver (de)	författare (en)	[før'fatarə]
dichter (de)	poet (en)	[pʊ'et]
beeldhouwer (de)	skulptör (en)	[skʉlʲp'tøːr]
kunstenaar (de)	konstnär (en)	['kɔnstnæːr]

jongleur (de)	jonglör (en)	[jong'lʲøːr]
clown (de)	clown (en)	['klʲawn]
acrobaat (de)	akrobat (en)	[akrʊ'bat]
goochelaar (de)	trollkonstnär (en)	['trɔlʲˌkɔnstnæːr]

92. Verschillende beroepen

dokter, arts (de)	läkare (en)	['lʲɛːkarə]
ziekenzuster (de)	sjuksköterska (en)	['ɧʉːkˌɧøːtɛʂka]
psychiater (de)	psykiater (en)	[syki'atər]
tandarts (de)	tandläkare (en)	['tandˌlʲɛːkarə]
chirurg (de)	kirurg (en)	[ɕi'rʉrg]

astronaut (de)	astronaut (en)	[astrʉ'naʊt]
astronoom (de)	astronom (en)	[astrʉ'nɔm]

chauffeur (de)	förare (en)	['føːrarə]
machinist (de)	lokförare (en)	['lˡʊkˌføːrarə]
mecanicien (de)	mekaniker (en)	[me'kanikər]

mijnwerker (de)	gruvarbetare (en)	['grʉːvˌar'betarə]
arbeider (de)	arbetare (en)	['arˌbetarə]
bankwerker (de)	låssmed (en)	['lˡosˌsmed]
houtbewerker (de)	snickare (en)	['snikarə]
draaier (de)	svarvare (en)	['svarvarə]
bouwvakker (de)	byggarbetare (en)	['bʏgˌar'betarə]
lasser (de)	svetsare (en)	['svɛtsarə]

professor (de)	professor (en)	[prɔ'fɛsʊr]
architect (de)	arkitekt (en)	[arki'tɛkt]
historicus (de)	historiker (en)	[hi'stʊrikər]
wetenschapper (de)	vetenskapsman (en)	['vetənskapsˌman]
fysicus (de)	fysiker (en)	['fysikər]
scheikundige (de)	kemist (en)	[ɕe'mist]

archeoloog (de)	arkeolog (en)	[ˌarkeʊ'lˡɔg]
geoloog (de)	geolog (en)	[jeʊ'lˡɔg]
onderzoeker (de)	forskare (en)	['fɔːʂkarə]

babysitter (de)	barnflicka (en)	['baːɳˌflika]
leraar, pedagoog (de)	pedagog (en)	[peda'gɔg]

redacteur (de)	redaktör (en)	[redak'tøːr]
chef-redacteur (de)	chefredaktör (en)	['ɧefˌredak'tøːr]
correspondent (de)	korrespondent (en)	[kɔrɛspɔn'dɛnt]
typiste (de)	maskinskriverska (en)	[ma'ɧiːn 'skrivɛʂka]

designer (de)	designer (en)	[de'sajnər]
computerexpert (de)	dataexpert (en)	['datə ɛks'pɛːt]
programmeur (de)	programmerare (en)	[prɔgra'merarə]
ingenieur (de)	ingenjör (en)	[inɧə'njøːr]

matroos (de)	sjöman (en)	['ɧøːˌman]
zeeman (de)	matros (en)	[ma'trʊs]
redder (de)	räddare (en)	['rɛdarə]

brandweerman (de)	brandman (en)	['brandˌman]
politieagent (de)	polis (en)	[pʊ'lis]
nachtwaker (de)	nattvakt, väktare (en)	['natˌvakt], ['vɛktarə]
detective (de)	detektiv (en)	[detɛk'tiv]

douanier (de)	tulltjänsteman (en)	['tulˡ 'ɕɛnstəˌman]
lijfwacht (de)	livvakt (en)	['liːvˌvakt]
gevangenisbewaker (de)	fångvaktare (en)	['fɔŋˌvaktarə]
inspecteur (de)	inspektör (en)	[inspɛk'tøːr]

sportman (de)	idrottsman (en)	['idrɔtsˌman]
trainer (de)	tränare (en)	['trɛːnarə]
slager, beenhouwer (de)	slaktare (en)	['slˡaktarə]

schoenlapper (de)	skomakare (en)	['sko͜makarə]
handelaar (de)	handelsman (en)	['handəlˈsˌman]
lader (de)	lastare (en)	['lʲastarə]

kledingstilist (de)	modedesigner (en)	['mʊdə de'sajnər]
model (het)	modell, mannekäng (en)	[mʊ'dɛlʲ], ['manekɛŋ]

93. Beroepen. Sociale status

scholier (de)	skolbarn (ett)	['skʊlʲˌba:ŋ]
student (de)	student (en)	[stu'dɛnt]

filosoof (de)	filosof (en)	[filʲɔ'sɔf]
econoom (de)	ekonom (en)	[ɛkʊ'nɔm]
uitvinder (de)	uppfinnare (en)	['upˌfinarə]

werkloze (de)	arbetslös (en)	['arbetsˌlʲø:s]
gepensioneerde (de)	pensionär (en)	[panɧʊ'næ:r]
spion (de)	spion (en)	[spi'ʊn]

gedetineerde (de)	fånge (en)	['fɔŋə]
staker (de)	strejkande (en)	['strɛjkandə]
bureaucraat (de)	byråkrat (en)	['byrɔˌkrat]
reiziger (de)	resenär (en)	[rese'næ:r]

homoseksueel (de)	homosexuell (en)	['homɔsɛksuˌɛlʲ]
hacker (computerkraker)	hackare (en)	['hakarə]
hippie (de)	hippie (en)	['hipi]
bandiet (de)	bandit (en)	[ban'dit]
huurmoordenaar (de)	legomördare (en)	['lʲeguˌmø:ˌdarə]
drugsverslaafde (de)	narkoman (en)	[narkʊ'man]
drugshandelaar (de)	droglangare (en)	['drʊgˌlʲaŋarə]
prostituee (de)	prostituerad (en)	[prostitʉ'ɛrad]
pooier (de)	hallik (en)	['halik]

tovenaar (de)	trollkarl (en)	['trɔlʲˌkar]
tovenares (de)	trollkvinna (en)	['trɔlʲˌkvina]
piraat (de)	pirat, sjörövare (en)	[pi'rat], ['ɧø:ˌrø:varə]
slaaf (de)	slav (en)	['slʲav]
samoerai (de)	samuraj (en)	[samu'raj]
wilde (de)	vilde (en)	['vilʲdə]

Onderwijs

94. School

school (de)	skola (en)	['skʊlʲa]
schooldirecteur (de)	rektor (en)	['rɛktʊr]
leerling (de)	elev (en)	[ɛ'lʲev]
leerlinge (de)	elev (en)	[ɛ'lʲev]
scholier (de)	skolbarn (ett)	['skʊlʲˌbaːŋ]
scholiere (de)	skolflicka (en)	['skʊlʲˌflika]
leren (lesgeven)	att undervisa	[at 'undəˌvisa]
studeren (bijv. een taal ~)	att lära sig	[at 'lʲæːra sɛj]
van buiten leren	att lära sig utantill	[at 'læːra sɛj 'ʉːtanˌtilʲ]
leren (bijv. ~ tellen)	att lära sig	[at 'lʲæːra sɛj]
in school zijn	att gå i skolan	[at 'goː i 'skʊlʲan]
(schooljongen zijn)		
naar school gaan	att gå till skolan	[at 'goː tilʲ 'skʊlʲan]
alfabet (het)	alfabet (ett)	['alʲfabet]
vak (schoolvak)	ämne (ett)	['ɛmnə]
klaslokaal (het)	klassrum (ett)	['klʲasˌruːm]
les (de)	timme (en)	['timə]
pauze (de)	rast (en)	['rast]
bel (de)	skolklocka (en)	['skʊlʲˌklʲɔka]
schooltafel (de)	skolbänk (en)	['skʊlʲˌbɛŋk]
schoolbord (het)	tavla (en)	['tavlʲa]
cijfer (het)	betyg (ett)	[be'tyg]
goed cijfer (het)	bra betyg (ett)	[bra be'tyg]
slecht cijfer (het)	dåligt betyg (ett)	['doːlit be'tyg]
een cijfer geven	att betygsätta	[at be'tygsæta]
fout (de)	fel (ett)	['felʲ]
fouten maken	att göra misstag	[at 'jøːra 'mistag]
corrigeren (fouten ~)	att rätta	[at 'ræta]
spiekbriefje (het)	fusklapp (en)	['fuskˌlʲap]
huiswerk (het)	läxor (pl)	['lʲɛːksʊr]
oefening (de)	övning (en)	['øvniŋ]
aanwezig zijn (ww)	att vara närvarande	[at 'vara 'næːrˌvarandə]
absent zijn (ww)	att vara frånvarande	[at 'vara 'froːnˌvarandə]
school verzuimen	att missa skolan	[at 'misa 'skʊlʲan]
bestraffen (een stout kind ~)	att straffa	[at 'strafa]
bestraffing (de)	straff (ett)	['straf]

gedrag (het)	uppförande (ett)	['up‚førandə]
cijferlijst (de)	betyg, omdöme (ett)	[be'tyg], ['ɔm‚dø:mə]
potlood (het)	blyertspenna (en)	['blʲyɛ:ʦ‚pɛna]
gom (de)	suddgummi (ett)	['sud‚gumi]
krijt (het)	krita (en)	['krita]
pennendoos (de)	pennfodral (ett)	['pɛnfud‚ralʲ]

boekentas (de)	skolväska (en)	['skulʲ‚vɛska]
pen (de)	penna (en)	['pɛna]
schrift (de)	övningsbok (en)	['øvniŋs‚buk]
leerboek (het)	lärobok (en)	['lʲæ:ru‚buk]
passer (de)	passare (en)	['pasarə]

technisch tekenen (ww)	att rita	[at 'rita]
technische tekening (de)	teknisk ritning (en)	['tɛknisk 'ritniŋ]

gedicht (het)	dikt (en)	['dikt]
van buiten (bw)	utantill	['u:tan‚tilʲ]
van buiten leren	att lära sig utantill	[at 'læ:ra sɛj 'ɐ:tan‚tilʲ]

vakantie (de)	skollov (ett)	['skulʲ‚lʲov]
met vakantie zijn	att ha lov	[at ha 'lʲov]
vakantie doorbrengen	att tillbringa skollovet	[at 'tilʲ‚briŋa 'sku‚lʲovet]

toets (schriftelijke ~)	prov (ett)	['pruv]
opstel (het)	uppsats (en)	['upsats]
dictee (het)	diktamen (en)	[dik'tamən]
examen (het)	examen (en)	[ɛk'samən]
examen afleggen	att ta en examen	[at ta en ɛk'samən]
experiment (het)	försök (ett)	['fœ:‚ʂø:k]

95. Hogeschool. Universiteit

academie (de)	akademi (en)	[akade'mi:]
universiteit (de)	universitet (ett)	[univɛʂi'tet]
faculteit (de)	fakultet (en)	[fakulʲ'tet]

student (de)	student (en)	[stu'dɛnt]
studente (de)	kvinnlig student (en)	['kvinlig stu'dɛnt]
leraar (de)	lärare, föreläsare (en)	['lʲæ:rarə], ['førə‚lʲɛ:sarə]

collegezaal (de)	föreläsningssal (en)	[føre'lʲɛsniŋ‚salʲ]
afgestudeerde (de)	alumn (en)	[a'lʲumn]

diploma (het)	diplom (ett)	[dip'lʲɔm]
dissertatie (de)	avhandling (en)	['av‚handliŋ]

onderzoek (het)	studie (en)	['studiə]
laboratorium (het)	laboratorium (ett)	[lʲabora'tɔrium]

college (het)	föreläsning (en)	['førə‚lʲɛsniŋ]
medestudent (de)	studiekompis (en)	['studiə‚kompis]
studiebeurs (de)	stipendium (ett)	[sti'pɛndium]
academische graad (de)	akademisk grad (en)	[aka'demisk grad]

96. Wetenschappen. Disciplines

wiskunde (de)	matematik (en)	[matema'tik]
algebra (de)	algebra (en)	['alˡgebra]
meetkunde (de)	geometri (en)	[jeʊmə'triː]
astronomie (de)	astronomi (en)	[astrʊnɔ'miː]
biologie (de)	biologi (en)	[biʊlˡɔ'giː]
geografie (de)	geografi (en)	[jeʊgra'fiː]
geologie (de)	geologi (en)	[jeʊlˡɔ'giː]
geschiedenis (de)	historia (en)	[hi'stʊria]
geneeskunde (de)	medicin (en)	[medi'sin]
pedagogiek (de)	pedagogik (en)	[pedagɔ'gik]
rechten (mv.)	rätt (en)	['ræt]
fysica, natuurkunde (de)	fysik (en)	[fy'zik]
scheikunde (de)	kemi (en)	[ɕe'miː]
filosofie (de)	filosofi (en)	[filˡɔsɔ'fiː]
psychologie (de)	psykologi (en)	[sykʊlˡɔ'giː]

97. Schrift. Spelling

grammatica (de)	grammatik (en)	[grama'tik]
vocabulaire (het)	ordförråd (ett)	['ʊːdfœːˌroːd]
fonetiek (de)	fonetik (en)	[fɔne'tik]
zelfstandig naamwoord (het)	substantiv (ett)	['substanˌtiv]
bijvoeglijk naamwoord (het)	adjektiv (ett)	['adjɛkˌtiv]
werkwoord (het)	verb (ett)	['vɛrb]
bijwoord (het)	adverb (ett)	[ad'vɛrb]
voornaamwoord (het)	pronomen (ett)	[prʊ'nʊmən]
tussenwerpsel (het)	interjektion (en)	[intɛrjɛk'ɧʊn]
voorzetsel (het)	preposition (en)	[prepʊsi'ɧʊn]
stam (de)	rot (en)	['rʊt]
achtervoegsel (het)	ändelse (en)	['ɛndəlˡsə]
voorvoegsel (het)	prefix (ett)	[prɛ'fiks]
lettergreep (de)	stavelse (en)	['stavelˡsə]
achtervoegsel (het)	suffix (ett)	[su'fiːks]
nadruk (de)	betoning (en)	[be'tʊniŋ]
afkappingsteken (het)	apostrof (en)	[apʊ'strɔf]
punt (de)	punkt (en)	['pʊŋkt]
komma (de/het)	komma (ett)	['kɔma]
puntkomma (de)	semikolon (ett)	['semikʊˌlˡɔn]
dubbelpunt (de)	kolon (ett)	[kʊ'lˡɔn]
beletselteken (het)	tre punkter (pl)	[trɛ 'pʊŋktər]
vraagteken (het)	frågetecken (ett)	['froːgəˌtɛkən]
uitroepteken (het)	utropstecken (ett)	['ʉtrʊpsˌtɛkən]

aanhalingstekens (mv.)	anföringstecken (pl)	[ɑn'fœriŋsˌtɛkən]
tussen aanhalingstekens (bw)	inom anföringstecken	['inɔm ɑn'fœriŋsˌtɛkən]
haakjes (mv.)	parentes (en)	[parɛn'tes]
tussen haakjes (bw)	inom parentes	['inɔm parɛn'tes]

streepje (het)	bindestreck (ett)	['bindəˌstrɛk]
gedachtestreepje (het)	tankstreck (ett)	['taŋkˌstrɛk]
spatie	mellanrum (ett)	['mɛlʲanˌruːm]
(~ tussen twee woorden)		

letter (de)	bokstav (en)	['bʊkstav]
hoofdletter (de)	stor bokstav (en)	['stʊr 'bʊkstav]

klinker (de)	vokal (en)	[vʊ'kalʲ]
medeklinker (de)	konsonant (en)	[kɔnsɔ'nant]

zin (de)	mening, sats (en)	['meniŋ], ['sats]
onderwerp (het)	subjekt (ett)	[sub'jɛːkt]
gezegde (het)	predikat (ett)	[predi'kat]

regel (in een tekst)	rad (en)	['rad]
op een nieuwe regel (bw)	på ny rad	[pɔ ny 'rad]
alinea (de)	stycke (ett)	['stʏkə]

woord (het)	ord (ett)	['ʊːɖ]
woordgroep (de)	ordkombination (en)	['ʊːɖˌkɔmbina'ɧʊn]
uitdrukking (de)	uttryck (ett)	['ʉtˌtrʏk]
synoniem (het)	synonym (en)	[synɔ'nym]
antoniem (het)	antonym, motsats (en)	[antɔ'nʏm], ['mʊtsats]

regel (de)	regel (en)	['regəlʲ]
uitzondering (de)	undantag (ett)	['undanˌtaːg]
correct (bijv. ~e spelling)	riktig	['riktig]

vervoeging, conjugatie (de)	böjning (en)	['bœjniŋ]
verbuiging, declinatie (de)	böjning (en)	['bœjniŋ]
naamval (de)	kasus (ett)	['kasus]
vraag (de)	fråga (en)	['froːga]
onderstrepen (ww)	att understryka	[at 'undəˌstryka]
stippellijn (de)	pricklinje (en)	['prikˌlinjə]

98. Vreemde talen

taal (de)	språk (ett)	['sproːk]
vreemd (bn)	främmande	['frɛmandə]
vreemde taal (de)	främmande språk (ett)	['frɛmandə sproːk]
leren (bijv. van buiten ~)	att studera	[at stu'dera]
studeren (Nederlands ~)	att lära sig	[at 'lʲæːra sɛj]

lezen (ww)	att läsa	[at 'lʲɛːsa]
spreken (ww)	att tala	[at 'talʲa]
begrijpen (ww)	att förstå	[at fœːˈstoː]
schrijven (ww)	att skriva	[at 'skriva]
snel (bw)	snabbt	['snabt]

langzaam (bw)	långsamt	['lɔŋˌsamt]
vloeiend (bw)	flytande	['flʲytandə]

regels (mv.)	regler (pl)	['rɛglʲər]
grammatica (de)	grammatik (en)	[grama'tik]
vocabulaire (het)	ordförråd (ett)	['ʊːdfœːˌroːd]
fonetiek (de)	fonetik (en)	[fone'tik]

leerboek (het)	lärobok (en)	['lʲæːrʊˌbʊk]
woordenboek (het)	ordbok (en)	['ʊːdˌbʊk]
leerboek (het) voor zelfstudie	självinstruerande lärobok (en)	['ɧɛlʲv instrʉ'ɛrandə 'lʲæːrʊˌbʊk]
taalgids (de)	parlör (en)	[paː'lʲøːr]

cassette (de)	kassett (en)	[ka'sɛt]
videocassette (de)	videokassett (en)	['videʊ ka'sɛt]
CD (de)	cd-skiva (en)	['sede ˌɧiva]
DVD (de)	dvd (en)	[deve'deː]

alfabet (het)	alfabet (ett)	['alʲfabet]
spellen (ww)	att stava	[at 'stava]
uitspraak (de)	uttal (ett)	['ʉtˌtalʲ]

accent (het)	brytning (en)	['brʏtniŋ]
met een accent (bw)	med brytning	[me 'brʏtniŋ]
zonder accent (bw)	utan brytning	['ʉtan 'brʏtniŋ]

woord (het)	ord (ett)	['ʊːd]
betekenis (de)	betydelse (en)	[be'tydəlʲsə]

cursus (de)	kurs (en)	['kuːʂ]
zich inschrijven (ww)	att anmäla sig	[at 'anˌmɛːlʲa sɛj]
leraar (de)	lärare (en)	['lʲæːrarə]

vertaling (een ~ maken)	översättning (en)	['øːvəˌsætniŋ]
vertaling (tekst)	översättning (en)	['øːvəˌsætniŋ]
vertaler (de)	översättare (en)	['øːvəˌsætarə]
tolk (de)	tolk (en)	['tɔlʲk]

polyglot (de)	polyglott (en)	[pʊlʏ'glʲɔt]
geheugen (het)	minne (ett)	['minə]

Rusten. Entertainment. Reizen

99. Trip. Reizen

toerisme (het)	**turism (en)**	[tu'rism]
toerist (de)	**turist (en)**	[tu'rist]
reis (de)	**resa (en)**	['resa]
avontuur (het)	**äventyr (ett)**	['ɛ:vɛn‚tyr]
tocht (de)	**tripp (en)**	['trip]
vakantie (de)	**semester (en)**	[se'mɛstər]
met vakantie zijn	**att ha semester**	[at ha se'mɛstər]
rust (de)	**uppehåll (ett), vila (en)**	['upə'ho:lʲ], ['vilʲa]
trein (de)	**tåg (ett)**	['to:g]
met de trein	**med tåg**	[me 'to:g]
vliegtuig (het)	**flygplan (ett)**	['flʲygplʲan]
met het vliegtuig	**med flygplan**	[me 'flʲygplʲan]
met de auto	**med bil**	[me 'bilʲ]
per schip (bw)	**med båt**	[me 'bo:t]
bagage (de)	**bagage (ett)**	[ba'ga:ʃ]
valies (de)	**resväska (en)**	['rɛs‚vɛska]
bagagekarretje (het)	**bagagevagn (en)**	[ba'ga:ʃ‚vagn]
paspoort (het)	**pass (ett)**	['pas]
visum (het)	**visum (ett)**	['vi:sum]
kaartje (het)	**biljett (en)**	[bi'lʲet]
vliegticket (het)	**flygbiljett (en)**	['flʲyg bi‚lʲet]
reisgids (de)	**reseguidebok (en)**	['rese‚gajdbʊk]
kaart (de)	**karta (en)**	['ka:ʈa]
gebied (landelijk ~)	**område (ett)**	['ɔm‚ro:də]
plaats (de)	**plats (en)**	['plʲats]
exotische bestemming (de)	**(det) exotiska**	[ɛ'ksɔtiska]
exotisch (bn)	**exotisk**	[ɛk'sɔtisk]
verwonderlijk (bn)	**förunderlig**	[fø'rundelig]
groep (de)	**grupp (en)**	['grup]
rondleiding (de)	**utflykt (en)**	['ʉt‚flʲykt]
gids (de)	**guide (en)**	['gajd]

100. Hotel

hotel (het)	**hotell (ett)**	[hʊ'tɛlʲ]
motel (het)	**motell (ett)**	[mʊ'tɛlʲ]
3-sterren	**trestjärnigt**	['tre‚ɦæ:ɳit]

5-sterren	femstjärnigt	[fɛm͵ɧæː.ŋit]
overnachten (ww)	att bo	[at 'buː]
kamer (de)	rum (ett)	['ruːm]
eenpersoonskamer (de)	enkelrum (ett)	['ɛŋkəlʲ͵ruːm]
tweepersoonskamer (de)	dubbelrum (ett)	['dubəlʲ͵ruːm]
een kamer reserveren	att boka rum	[at 'buka 'ruːm]
halfpension (het)	halvpension (en)	['halʲv͵pan'ɧʊn]
volpension (het)	helpension (en)	['helʲ͵pan'ɧʊn]
met badkamer	med badkar	[me 'bad͵kar]
met douche	med dusch	[me 'duʃ]
satelliet-tv (de)	satellit-TV (en)	[satɛ'liːt 'teve]
airconditioner (de)	luftkonditionerare (en)	['lʉft͵kɔndiɧu'nerarə]
handdoek (de)	handduk (en)	['hand͵dʉːk]
sleutel (de)	nyckel (en)	['nʏkəlʲ]
administrateur (de)	administratör (en)	[administra'tør]
kamermeisje (het)	städerska (en)	['stɛːdɛʂka]
piccolo (de)	bärare (en)	['bæː.rarə]
portier (de)	portier (en)	[pɔ.'tʲeː]
restaurant (het)	restaurang (en)	[rɛstɔ'raŋ]
bar (de)	bar (en)	['bar]
ontbijt (het)	frukost (en)	['frʉːkɔst]
avondeten (het)	kvällsmat (en)	['kvɛlʲs͵mat]
buffet (het)	buffet (en)	[bu'fet]
hal (de)	lobby (en)	['lʲɔbi]
lift (de)	hiss (en)	['his]
NIET STOREN	STÖR EJ!	['støːr ɛj]
VERBODEN TE ROKEN!	RÖKNING FÖRBJUDEN	['rœkniŋ før'bjʉːdən]

TECHNISCHE APPARATUUR. VERVOER

Technische apparatuur

101. Computer

computer (de)	dator (en)	['datʊr]
laptop (de)	bärbar dator (en)	['bærbar 'datʊr]
aanzetten (ww)	att slå på	[at 'slʲoː pɔ]
uitzetten (ww)	att slå av	[at 'slʲoː 'av]
toetsenbord (het)	tangentbord (ett)	[tanˈjentˌbʊːd̪]
toets (enter~)	tangent (en)	[tanˈjent]
muis (de)	mus (en)	['mʉːs]
muismat (de)	musmatta (en)	['mʉːsˌmata]
knopje (het)	knapp (en)	['knap]
cursor (de)	markör (en)	[marˈkøːr]
monitor (de)	monitor, bildskärm (en)	[mɔniˈtor], ['bilʲdɧæːrm]
scherm (het)	skärm (en)	['ɧæːrm]
harde schijf (de)	hårddisk (en)	['hoːd̪ˌdisk]
volume (het) van de harde schijf	hårddisk kapacitet (en)	['hoːd̪ˌdisk kapasiˈtet]
geheugen (het)	minne (ett)	['minə]
RAM-geheugen (het)	operativminne (ett)	[ɔperaˈtivˌminə]
bestand (het)	fil (en)	['filʲ]
folder (de)	mapp (en)	['map]
openen (ww)	att öppna	[at 'øpna]
sluiten (ww)	att stänga	[at 'stɛŋa]
opslaan (ww)	att bevara	[at beˈvara]
verwijderen (wissen)	att ta bort, att radera	[at ta 'bɔːt̪], [at raˈdera]
kopiëren (ww)	att kopiera	[at kɔˈpjera]
sorteren (ww)	att sortera	[at sɔːˈt̪era]
overplaatsen (ww)	att överföra	[at øːvəˌføra]
programma (het)	program (ett)	[prɔˈgram]
software (de)	programvara (en)	[prɔˈgramˌvara]
programmeur (de)	programmerare (en)	[prɔgraˈmerarə]
programmeren (ww)	att programmera	[at prɔgraˈmera]
hacker (computerkraker)	hackare (en)	['hakarə]
wachtwoord (het)	lösenord (ett)	['lʲøːsənˌʊːd̪]
virus (het)	virus (ett)	['viːrʉs]
ontdekken (virus ~)	att upptäcka	[at 'upˌtɛka]

byte (de)	byte (ett)	['bajt]
megabyte (de)	megabyte (en)	['mega‚bajt]

data (de)	data (pl)	['data]
databank (de)	databas (en)	['data‚bas]

kabel (USB-~, enz.)	kabel (en)	['kabəlʲ]
afsluiten (ww)	att koppla från	[at 'koplʲa frɔn]
aansluiten op (ww)	att koppla	[at 'koplʲa]

102. Internet. E-mail

internet (het)	Internet	['intɛ:‚ŋɛt]
browser (de)	webbläsare (en)	['vɛb‚lʲɛ:sarə]
zoekmachine (de)	sökmotor (en)	['sø:k‚mʊtʊr]
internetprovider (de)	leverantör (en)	[ʲevəran'tø:r]

webmaster (de)	webbmästare (en)	['vɛb‚mɛstarə]
website (de)	webbplats (en)	['vɛb‚plʲats]
webpagina (de)	webbsida (en)	['vɛb‚sida]

adres (het)	adress (en)	[a'drɛs]
adresboek (het)	adressbok (en)	[a'drɛs‚bʊk]

postvak (het)	brevlåda (en)	['brev‚lʲo:da]
post (de)	post (en)	['pɔst]
vol (~ postvak)	full	['fulʲ]

bericht (het)	meddelande (ett)	[me'delʲandə]
binnenkomende berichten (mv.)	inkommande meddelanden	[in'kɔmandə me'delʲandən]
uitgaande berichten (mv.)	utgående meddelanden	['ʉt‚go:əndə me'delʲandən]
verzender (de)	avsändare (en)	['av‚sɛndarə]
verzenden (ww)	att skicka	[at 'ɧika]
verzending (de)	avsändning (en)	['av‚sɛndniŋ]

ontvanger (de)	mottagare (en)	['mɔt‚tagarə]
ontvangen (ww)	att ta emot	[at ta ɛmo:t]

correspondentie (de)	korrespondens (en)	[kɔrɛspɔn'dɛns]
corresponderen (met …)	att brevväxla	[at 'brev‚vɛkslʲa]

bestand (het)	fil (en)	['filʲ]
downloaden (ww)	att ladda ner	[at 'lʲada ner]
creëren (ww)	att skapa	[at 'skapa]
verwijderen (een bestand ~)	att ta bort, att radera	[at ta 'bo:t̪], [at ra'dera]
verwijderd (bn)	borttagen	['bo:t̪‚ta:gən]

verbinding (de)	förbindelse (en)	[før'bindəlʲsə]
snelheid (de)	hastighet (en)	['hastig‚het]
modem (de)	modem (ett)	[mʊ'dem]
toegang (de)	tillträde (ett)	['tilʲtrɛ:də]
poort (de)	port (en)	['pɔ:t̪]
aansluiting (de)	uppkoppling (en)	['up‚koplʲiŋ]

zich aansluiten (ww)	att ansluta	[at 'an‚slʉ:ta]
selecteren (ww)	att välja	[at 'vɛlja]
zoeken (ww)	att söka efter ...	[at 'sø:ka ‚ɛftər ...]

103. Elektriciteit

elektriciteit (de)	elektricitet (en)	[ɛlʲektrisi'tet]
elektrisch (bn)	elektrisk	[ɛ'lʲektrisk]
elektriciteitscentrale (de)	kraftverk (ett)	['kraft‚vɛrk]
energie (de)	energi (en)	[ɛner'ɕi]
elektrisch vermogen (het)	elkraft (en)	['ɛlʲ‚kraft]

lamp (de)	glödlampa (en)	['glʲø:d‚lʲampa]
zaklamp (de)	ficklampa (en)	['fik‚lʲampa]
straatlantaarn (de)	gatlykta (en)	['gat‚lʲykta]

licht (elektriciteit)	ljus (ett)	['jʉ:s]
aandoen (ww)	att slå på	[at 'slʲo: po]
uitdoen (ww)	att slå av	[at 'slʲo: 'av]
het licht uitdoen	att släcka ljuset	[at 'slʲɛka 'jʉ:sət]

doorbranden (gloeilamp)	att brinna ut	[at 'brina ʉt]
kortsluiting (de)	kortslutning (en)	['kɔ:t‚slʉ:tniŋ]
onderbreking (de)	kabelbrott (ett)	['kabəlʲ‚brɔt]
contact (het)	kontakt (en)	[kɔn'takt]

schakelaar (de)	strömbrytare (en)	['strø:m‚brytarə]
stopcontact (het)	eluttag (ett)	['ɛlʲ‚ʉ:'tag]
stekker (de)	stickkontakt (en)	['stik kɔn'takt]
verlengsnoer (de)	grenuttag (ett)	['grenʉ:‚tag]

zekering (de)	säkring (en)	['sɛkriŋ]
kabel (de)	ledning (en)	['lʲedniŋ]
bedrading (de)	ledningsnät (ett)	['lʲedniŋs‚nɛ:t]

ampère (de)	ampere (en)	[am'pɛr]
stroomsterkte (de)	strömstyrka (en)	['strø:m‚styrka]
volt (de)	volt (en)	['vɔlʲt]
spanning (de)	spänning (en)	['spɛniŋ]

elektrisch toestel (het)	elektrisk apparat (en)	[ɛ'lʲektrisk apa'rat]
indicator (de)	indikator (en)	[indi'katʊr]

elektricien (de)	elektriker (en)	[ɛ'lʲektrikər]
solderen (ww)	att löda	[at 'lʲø:da]
soldeerbout (de)	lödkolv (en)	['lʲø:d‚kɔlʲv]
stroom (de)	ström (en)	['strø:m]

104. Gereedschappen

werktuig (stuk gereedschap)	verktyg (ett)	['vɛrk‚tyg]
gereedschap (het)	verktyg (pl)	['vɛrk‚tyg]

uitrusting (de)	utrustning (en)	['ʉ̯ˌtrustniŋ]
hamer (de)	hammare (en)	['hamarə]
schroevendraaier (de)	skruvmejsel (en)	['skrʉːvˌmɛjsəlʲ]
bijl (de)	yxa (en)	['yksa]

zaag (de)	såg (en)	['soːg]
zagen (ww)	att såga	[at 'soːga]
schaaf (de)	hyvel (en)	['hyvəlʲ]
schaven (ww)	att hyvla	[at 'hyvlʲa]
soldeerbout (de)	lödkolv (en)	['lʲøːdˌkɔlʲv]
solderen (ww)	att löda	[at 'lʲøːda]

vijl (de)	fil (en)	['filʲ]
nijptang (de)	kniptång (en)	['knipˌtɔŋ]
combinatietang (de)	flacktång (en)	['flʲakˌtɔŋ]
beitel (de)	stämjärn, huggjärn (ett)	['stɛmˌjæːŋ], ['hugˌjæːŋ]

boorkop (de)	borr (en)	['bɔr]
boormachine (de)	borrmaskin (en)	['bɔrˌma'ɧiːn]
boren (ww)	att borra	[at 'bɔra]

mes (het)	kniv (en)	['kniv]
zakmes (het)	fickkniv (en)	['fikˌkniv]
knip- (abn)	fäll-	['fɛlʲ-]
lemmet (het)	blad (ett)	['blʲad]

scherp (bijv. ~ mes)	skarp	['skarp]
bot (bn)	slö	['slʲøː]
bot raken (ww)	att bli slö	[at bli 'slʲøː]
slijpen (een mes ~)	att slipa, att vässa	[at 'slipa], [at 'vɛsa]

bout (de)	bult (en)	['bulʲt]
moer (de)	mutter (en)	['mutər]
schroefdraad (de)	gänga (en)	['jɛŋa]
houtschroef (de)	skruv (en)	['skrʉːv]

nagel (de)	spik (en)	['spik]
kop (de)	spikhuvud (ett)	['spikˌhʉːvʉd]

liniaal (de/het)	linjal (en)	[li'njalʲ]
rolmeter (de)	måttband (ett)	['mɔtˌband]
waterpas (de/het)	vattenpass (ett)	['vatənˌpas]
loep (de)	lupp (en)	['lʉp]

meetinstrument (het)	mätinstrument (ett)	['mɛːtˌinstru'mɛnt]
opmeten (ww)	att mäta	[at 'mɛːta]
schaal (meetschaal)	skala (en)	['skalʲa]
gegevens (mv.)	avläsningar (pl)	['avˌlʲɛsniŋar]

compressor (de)	kompressor (en)	[kɔm'prɛsʉr]
microscoop (de)	mikroskop (ett)	[mikrʉ'skɔp]

pomp (de)	pump (en)	['pump]
robot (de)	robot (en)	['rɔbɔt]
laser (de)	laser (en)	['lʲasər]
moersleutel (de)	skruvnyckel (en)	['skrʉːvˌnʏkəlʲ]

plakband (de)	tejp (en)	['tɛjp]
lijm (de)	lim (ett)	['lim]

schuurpapier (het)	sandpapper (ett)	['sand͵papər]
veer (de)	fjäder (en)	['fjɛ:dər]
magneet (de)	magnet (en)	[mag'net]
handschoenen (mv.)	handskar (pl)	['hanskar]

touw (bijv. henneptouw)	rep (ett)	['rep]
snoer (het)	snör (ett)	['snø:r]
draad (de)	tråd, ledning (en)	['tro:d], ['lʲedniŋ]
kabel (de)	kabel (en)	['kabəlʲ]

moker (de)	slägga (en)	['slʲɛga]
breekijzer (het)	spett, järnspett (ett)	['spɛt], ['jæ:ɳ͵spɛt]
ladder (de)	stege (en)	['stegə]
trapje (inklapbaar ~)	trappstege (en)	['trap͵stegə]

aanschroeven (ww)	att skruva fast	[at 'skrʉ:va fast]
losschroeven (ww)	att skruva av	[at 'skrʉ:va av]
dichtpersen (ww)	att klämma	[at 'klʲɛma]
vastlijmen (ww)	att klistra, att limma	[at 'klistra], [at 'lima]
snijden (ww)	att skära	[at 'ŋæ:ra]

defect (het)	funktionsstörning (en)	[fuŋk'ɦʉns͵stø:ɳiŋ]
reparatie (de)	reparation (en)	[repara'ɦʉn]
repareren (ww)	att reparera	[at repa'rera]
regelen (een machine ~)	att justera	[at ɦu'stera]

nakijken (ww)	att checka	[at 'ɕɛka]
controle (de)	kontroll (en)	[kɔn'trolʲ]
gegevens (mv.)	avläsningar (pl)	['av͵lʲɛsniŋar]

degelijk (bijv. ~ machine)	pålitlig	['po͵litlig]
ingewikkeld (bn)	komplex	[kɔm'plʲeks]

roesten (ww)	att rosta	[at 'rɔsta]
roestig (bn)	rostig	['rɔstig]
roest (de/het)	rost (en)	['rɔst]

Vervoer

105. Vliegtuig

vliegtuig (het)	flygplan (ett)	['fliʸygplʲan]
vliegticket (het)	flygbiljett (en)	['fliʸyg bi,lʲet]
luchtvaartmaatschappij (de)	flygbolag (ett)	['fliʸyg,bulʲag]
luchthaven (de)	flygplats (en)	['fliʸyg,plʲats]
supersonisch (bn)	överljuds-	['ø:vər,jʉːds-]
gezagvoerder (de)	kapten (en)	[kap'ten]
bemanning (de)	besättning (en)	[be'sætniŋ]
piloot (de)	pilot (en)	[pi'lʲut]
stewardess (de)	flygvärdinna (en)	['fliʸyg,væ:dina]
stuurman (de)	styrman (en)	['styr,man]
vleugels (mv.)	vingar (pl)	['viŋar]
staart (de)	stjärtfena (en)	['ɧæ:ʈ fe:na]
cabine (de)	cockpit, förarkabin (en)	['kɔkpit], ['fø:rar,ka'bin]
motor (de)	motor (en)	['mutʊr]
landingsgestel (het)	landningsställ (ett)	['landniŋs,stɛlʲ]
turbine (de)	turbin (en)	[tur'bin]
propeller (de)	propeller (en)	[prʊ'pɛlʲər]
zwarte doos (de)	svart låda (en)	['sva:ʈ 'lʲo:da]
stuur (het)	styrspak (ett)	['sty:,spak]
brandstof (de)	bränsle (ett)	['brɛnslʲe]
veiligheidskaart (de)	säkerhetsinstruktion (en)	['sɛ:kərhets instruk'ɧun]
zuurstofmasker (het)	syremask (en)	['syre,mask]
uniform (het)	uniform (en)	[uni'fɔrm]
reddingsvest (de)	räddningsväst (en)	['rɛdniŋ,vɛst]
parachute (de)	fallskärm (en)	['falʲ,ɧæ:rm]
opstijgen (het)	start (en)	['sta:ʈ]
opstijgen (ww)	att lyfta	[at 'lʲyfta]
startbaan (de)	startbana (en)	['sta:ʈ,ba:na]
zicht (het)	siktbarhet (en)	['siktbar,het]
vlucht (de)	flygning (en)	['fliʸygniŋ]
hoogte (de)	höjd (en)	['hœjd]
luchtzak (de)	luftgrop (en)	['lʉft,grʊp]
plaats (de)	plats (en)	['plʲats]
koptelefoon (de)	hörlurar (pl)	['hœ:,lʲʉːrar]
tafeltje (het)	utfällbart bord (ett)	['ʉtfɛlʲ,bart 'bʊːd]
venster (het)	fönster (ett)	['fœnstər]
gangpad (het)	mittgång (en)	['mit,gɔŋ]

106. Trein

trein (de)	tåg (ett)	['to:g]
elektrische trein (de)	lokaltåg, pendeltåg (ett)	[lʲɔ'kalʲ,to:g], ['pendəl,to:g],
sneltrein (de)	expresståg (ett)	[ɛks'prɛs,to:g]
diesellocomotief (de)	diesellokomotiv (ett)	['disəlʲ lʲɔkɔmɔ'tiv]
locomotief (de)	ånglokomotiv (en)	['ɔŋ,lʲɔkɔmɔ'tiv]
rijtuig (het)	vagn (en)	['vagn]
restauratierijtuig (het)	restaurangvagn (en)	[rɛstɔ'raŋ,vagn]
rails (mv.)	räls, rälsar (pl)	['rɛlʲs], ['rɛlʲsar]
spoorweg (de)	järnväg (en)	['jæːn̩,vɛːg]
dwarsligger (de)	sliper (en)	['slipər]
perron (het)	perrong (en)	[pɛ'rɔŋ]
spoor (het)	spår (ett)	['spoːr]
semafoor (de)	semafor (en)	[sema'fɔr]
halte (bijv. kleine treinhalte)	station (en)	[sta'ʧʊn]
machinist (de)	lokförare (en)	['lʲʊk,føːrarə]
kruier (de)	bärare (en)	['bæːrarə]
conducteur (de)	tågvärd (en)	['to:g,væːd]
passagier (de)	passagerare (en)	[pasa'ʧerarə]
controleur (de)	kontrollant (en)	[kɔntrɔ'lʲant]
gang (in een trein)	korridor (en)	[kɔri'dɔːr]
noodrem (de)	nödbroms (en)	['nøːd,brɔms]
coupé (de)	kupé (en)	[kʉ'peː]
bed (slaapplaats)	slaf, säng (en)	['slaf], ['sɛŋ]
bovenste bed (het)	överslaf (en)	['øvə,slaf]
onderste bed (het)	underslaf (en)	['undə,slaf]
beddengoed (het)	sängkläder (pl)	['sɛŋ,klʲɛːdər]
kaartje (het)	biljett (en)	[bi'lʲet]
dienstregeling (de)	tidtabell (en)	['tid ta'bɛlʲ]
informatiebord (het)	informationstavla (en)	[infɔrma'ʧʊns,tavlʲa]
vertrekken	att avgå	[at 'av,go:]
(De trein vertrekt …)		
vertrek (ov. een trein)	avgång (en)	['av,gɔŋ]
aankomen (ov. de treinen)	att ankomma	[at 'aŋ,kɔma]
aankomst (de)	ankomst (en)	['aŋ,kɔmst]
aankomen per trein	att ankomma med tåget	[at 'aŋ,kɔma me 'to:gət]
in de trein stappen	att stiga på tåget	[at 'stiga pɔ 'to:gət]
uit de trein stappen	att stiga av tåget	[at 'stiga av 'to:gət]
treinwrak (het)	tågolycka (en)	['to:g ʊ:'lʲyka]
ontspoord zijn	att spåra ur	[at 'spoːra ʉːr]
locomotief (de)	ånglokomotiv (en)	['ɔŋ,lʲɔkɔmɔ'tiv]
stoker (de)	eldare (en)	['ɛlʲdarə]
stookplaats (de)	eldstad (en)	['ɛlʲd,stad]
steenkool (de)	kol (ett)	['kɔlʲ]

107. Schip

schip (het)	skepp (ett)	['ɧɛp]
vaartuig (het)	fartyg (ett)	['fa:ˌtyg]
stoomboot (de)	ångbåt (en)	['ɔŋˌbo:t]
motorschip (het)	flodbåt (en)	['flʲʊdˌbo:t]
lijnschip (het)	kryssningfartyg (ett)	['krysniŋˌfa:'tyg]
kruiser (de)	kryssare (en)	['krʏsarə]
jacht (het)	jakt (en)	['jakt]
sleepboot (de)	bogserbåt (en)	['bʊksɛ:rˌbo:t]
duwbak (de)	pråm (en)	['pro:m]
ferryboot (de)	färja (en)	['fæ:rja]
zeilboot (de)	segelbåt (en)	['segəlʲˌbo:t]
brigantijn (de)	brigantin (en)	[brigan'tin]
IJsbreker (de)	isbrytare (en)	['isˌbrytarə]
duikboot (de)	ubåt (en)	[ʉ:'bo:t]
boot (de)	båt (en)	['bo:t]
sloep (de)	jolle (en)	['jɔlʲe]
reddingssloep (de)	livbåt (en)	['livˌbo:t]
motorboot (de)	motorbåt (en)	['mʊtʊrˌbo:t]
kapitein (de)	kapten (en)	[kap'ten]
zeeman (de)	matros (en)	[ma'trʊs]
matroos (de)	sjöman (en)	['ɧø:ˌman]
bemanning (de)	besättning (en)	[be'sætniŋ]
bootsman (de)	båtsman (en)	['bɔtsman]
scheepsjongen (de)	jungman (en)	['jʉŋˌman]
kok (de)	kock (en)	['kɔk]
scheepsarts (de)	skeppsläkare (en)	['ɧɛpˌlʲɛ:karə]
dek (het)	däck (ett)	['dɛk]
mast (de)	mast (en)	['mast]
zeil (het)	segel (ett)	['segəlʲ]
ruim (het)	lastrum (ett)	['lʲastˌru:m]
voorsteven (de)	bog (en)	['bʊg]
achtersteven (de)	akter (en)	['aktər]
roeispaan (de)	åra (en)	['o:ra]
schroef (de)	propeller (en)	[prʊ'pɛlʲər]
kajuit (de)	hytt (en)	['hʏt]
officierskamer (de)	officersmäss (en)	[ɔfi'se:rsˌmɛs]
machinekamer (de)	maskinrum (ett)	[ma'ɧi:nˌru:m]
brug (de)	kommandobrygga (en)	[kɔm'andʊˌbrʏga]
radiokamer (de)	radiohytt (en)	['radiʊˌhʏt]
radiogolf (de)	våg (en)	['vo:g]
logboek (het)	loggbok (en)	['lʲɔgˌbʊk]
verrekijker (de)	tubkikare (en)	['tʉbˌçikarə]
klok (de)	klocka (en)	['klʲɔka]

vlag (de)	flagga (en)	['flˈaga]
kabel (de)	tross (en)	['trɔs]
knoop (de)	knop, knut (en)	['knʊp], ['knʉt]

trapleuning (de)	räcken (pl)	['rɛkən]
trap (de)	landgång (en)	['lˈand‚gɔŋ]

anker (het)	ankar (ett)	['aŋkar]
het anker lichten	att lätta ankar	[at 'lˈæta 'aŋkar]
het anker neerlaten	att kasta ankar	[at 'kasta 'aŋkar]
ankerketting (de)	ankarkätting (en)	['aŋkar‚ɕætiŋ]

haven (bijv. containerhaven)	hamn (en)	['hamn]
kaai (de)	kaj (en)	['kaj]
aanleggen (ww)	att förtöja	[at fœ:'tœ:ja]
wegvaren (ww)	att kasta loss	[at 'kasta 'lˈɔs]

reis (de)	resa (en)	['resa]
cruise (de)	kryssning (en)	['krʏsniŋ]
koers (de)	kurs (en)	['ku:ʂ]
route (de)	rutt (en)	['rut]

vaarwater (het)	farled, segelled (en)	['fa:lˈed], ['segəl‚led]
zandbank (de)	grund (ett)	['grʉnd]
stranden (ww)	att gå på grund	[at 'go: pɔ 'grʉnd]

storm (de)	storm (en)	['stɔrm]
signaal (het)	signal (en)	[sig'nalˈ]
zinken (ov. een boot)	att sjunka	[at 'ɧuŋka]
Man overboord!	Man överbord!	['man 'ø:və‚bu:d]
SOS (noodsignaal)	SOS	[ɛso'ɛs]
reddingsboei (de)	livboj (en)	['liv‚bɔj]

108. Vliegveld

luchthaven (de)	flygplats (en)	['flˈyg‚plˈats]
vliegtuig (het)	flygplan (ett)	['flˈygplˈan]
luchtvaartmaatschappij (de)	flygbolag (ett)	['flˈyg‚bulˈag]
luchtverkeersleider (de)	flygledare (en)	['flˈyg‚lˈedarə]

vertrek (het)	avgång (en)	['av‚gɔŋ]
aankomst (de)	ankomst (en)	['aŋ‚kɔmst]
aankomen (per vliegtuig)	att ankomma	[at 'aŋ‚kɔma]

vertrektijd (de)	avgångstid (en)	['avgɔŋs‚tid]
aankomstuur (het)	ankomsttid (en)	['aŋkɔmst‚tid]

vertraagd zijn (ww)	att bli försenad	[at bli fœ:'ʂenad]
vluchtvertraging (de)	avgångsförsening (en)	['avgɔŋs‚fœ:'ʂeniŋ]

informatiebord (het)	informationstavla (en)	[informa'ɧʊns‚tavlˈa]
informatie (de)	information (en)	[informa'ɧʊn]
aankondigen (ww)	att meddela	[at 'me‚delˈa]
vlucht (bijv. KLM ~)	flyg (ett)	['flˈyg]

douane (de)	tull (en)	['tulʲ]
douanier (de)	tulltjänsteman (en)	['tulʲ 'ɕɛnstə‚man]

douaneaangifte (de)	tulldeklaration (en)	['tulʲ‚dɛklʲara'ɧʊn]
invullen (douaneaangifte ~)	att fylla i	[at 'fylʲa 'i]
een douaneaangifte invullen	att fylla i en tulldeklaration	[at 'fylʲa i en 'tulʲ‚dɛklʲara'ɧʊn]
paspoortcontrole (de)	passkontroll (en)	['paskɔn‚trolʲ]

bagage (de)	bagage (ett)	[ba'ga:ʃ]
handbagage (de)	handbagage (ett)	['hand ba‚ga:ʃ]
bagagekarretje (het)	bagagevagn (en)	[ba'ga:ʃ ‚vagn]

landing (de)	landning (en)	['lʲandniŋ]
landingsbaan (de)	landningsbana (en)	['lʲandniŋs‚bana]
landen (ww)	att landa	[at 'lʲanda]
vliegtuigtrap (de)	trappa (en)	['trapa]

inchecken (het)	incheckning (en)	['in‚ɕɛkniŋ]
incheckbalie (de)	incheckningsdisk (en)	['in‚ɕɛkniŋs 'disk]
inchecken (ww)	att checka in	[at 'ɕɛka in]
instapkaart (de)	boardingkort (ett)	['bɔ:dịŋ‚kɔ:t]
gate (de)	gate (en)	['gejt]

transit (de)	transit (en)	['transit]
wachten (ww)	att vänta	[at 'vɛnta]
wachtzaal (de)	väntsal (en)	['vɛnt‚salʲ]
begeleiden (uitwuiven)	att vinka av	[at 'viŋka av]
afscheid nemen (ww)	att säga adjö	[at 'sɛ:ja a'jø:]

Gebeurtenissen in het leven

109. Vakanties. Evenement

feest (het)	fest (en)	['fɛst]
nationale feestdag (de)	nationaldag (en)	[natʃʊ'nalʲˌdag]
feestdag (de)	helgdag (en)	['hɛljˌdag]
herdenken (ww)	att fira	[at 'fira]
gebeurtenis (de)	begivenhet (en)	[be'jivənˌhet]
evenement (het)	evenemang (ett)	[ɛvenə'maŋ]
banket (het)	bankett (en)	[baŋ'ket]
receptie (de)	reception (en)	[resɛp'ʃʊn]
feestmaal (het)	fest (en)	['fɛst]
verjaardag (de)	årsdag (en)	['oːʂˌdag]
jubileum (het)	jubileum (ett)	[jʉbi'lʲeum]
vieren (ww)	att fira	[at 'fira]
Nieuwjaar (het)	nyår (ett)	['nyˌoːr]
Gelukkig Nieuwjaar!	Gott Nytt År!	[gɔt nʏt 'oːr]
Sinterklaas (de)	Jultomten	['julʲˌtɔmtən]
Kerstfeest (het)	jul (en)	['juːlʲ]
Vrolijk kerstfeest!	God jul!	[ˌgʊd 'juːlʲ]
kerstboom (de)	julgran (en)	['julʲˌgran]
vuurwerk (het)	fyrverkeri (ett)	[fyrvɛrke'riː]
bruiloft (de)	bröllop (ett)	['brœlʲɔp]
bruidegom (de)	brudgum (en)	['brʉːdˌguːm]
bruid (de)	brud (en)	['brʉːd]
uitnodigen (ww)	att inbjuda, att invitera	[at in'bjʉːda], [at invi'tera]
uitnodiging (de)	inbjudan (en)	[in'bjʉːdan]
gast (de)	gäst (en)	['jɛst]
op bezoek gaan	att besöka	[at be'søːka]
gasten verwelkomen	att hälsa på gästerna	[at 'hɛlʲsa pɔ 'jɛsteɳa]
geschenk, cadeau (het)	gåva, present (en)	['goːva], [pre'sɛnt]
geven (iets cadeau ~)	att ge	[at jeː]
geschenken ontvangen	att få presenter	[at foː pre'sɛntər]
boeket (het)	bukett (en)	[bʉ'kɛt]
felicitaties (mv.)	lyckönskning (en)	['lʲykˌønskniŋ]
feliciteren (ww)	att gratulera	[at gratʉ'lʲera]
wenskaart (de)	gratulationskort (ett)	[gratʉlʲa'ʃʊnsˌkɔːt]
een kaartje versturen	att skicka vykort	[at 'ʃika 'vyˌkɔːt]
een kaartje ontvangen	att få vykort	[at foː 'vyˌkɔːt]

toast (de)	skål (en)	['skoːlʲ]
aanbieden (een drankje ~)	att bjuda	[at 'bjʉːda]
champagne (de)	champagne (en)	[ɧamˈpanʲ]

plezier hebben (ww)	att ha roligt	[at ha 'rʊlit]
plezier (het)	uppsluppenhet (en)	['upˌslupənhet]
vreugde (de)	glädje (en)	['glʲɛdjə]

dans (de)	dans (en)	['dans]
dansen (ww)	att dansa	[at 'dansa]

wals (de)	vals (en)	['valʲs]
tango (de)	tango (en)	['taŋɔ]

110. Begrafenissen. Begrafenis

kerkhof (het)	kyrkogård (en)	['ɕyrkʊˌgoːd]
graf (het)	grav (en)	['grav]
kruis (het)	kors (ett)	['kɔːʂ]
grafsteen (de)	gravsten (en)	['gravˌsten]
omheining (de)	stängsel (ett)	['stɛŋsəlʲ]
kapel (de)	kapell (ett)	[kaˈpɛlʲ]

dood (de)	död (en)	['døːd]
sterven (ww)	att dö	[at 'døː]
overledene (de)	den avlidne	[dɛn 'avˌlidnə]
rouw (de)	sorg (en)	['sɔrj]

begraven (ww)	att begrava	[at beˈgrava]
begrafenisonderneming (de)	begravningsbyrå (en)	[beˈgravniŋsˌbyroː]
begrafenis (de)	begravning (en)	[beˈgravniŋ]

krans (de)	krans (en)	['krans]
doodskist (de)	likkista (en)	['likˌɕista]
lijkwagen (de)	likvagn (en)	['likˌvagn]
lijkkleed (de)	liksvepning (en)	['likˌsvɛpniŋ]

begrafenisstoet (de)	begravningståg (ett)	[beˈgravniŋsˌtoːg]
urn (de)	gravurna (en)	['gravˌuːɳa]
crematorium (het)	krematorium (ett)	[kremaˈtɔrium]

overlijdensbericht (het)	nekrolog (en)	[nɛkrʊˈlʲɔg]
huilen (wenen)	att gråta	[at 'groːta]
snikken (huilen)	att snyfta	[at 'snʏfta]

111. Oorlog. Soldaten

peloton (het)	pluton (en)	[plʉ'tʊn]
compagnie (de)	kompani (ett)	[kɔmpa'niː]
regiment (het)	regemente (ett)	[regeˈmɛntə]
leger (armee)	här, armé (en)	['hæːr], [arˈmeː]
divisie (de)	division (en)	[diviˈɧʊn]

sectie (de)	**trupp (en)**	['trup]
troep (de)	**här (en)**	['hæ:r]

soldaat (militair)	**soldat (en)**	[sʊlʲ'dat]
officier (de)	**officer (en)**	[ɔfi'se:r]

soldaat (rang)	**menig (en)**	['menig]
sergeant (de)	**sergeant (en)**	[sɛr'fjant]
luitenant (de)	**löjtnant (en)**	['lʲœjt,nant]
kapitein (de)	**kapten (en)**	[kap'ten]
majoor (de)	**major (en)**	[ma'jʊ:r]
kolonel (de)	**överste (en)**	['ø:veʂtə]
generaal (de)	**general (en)**	[jene'ralʲ]

matroos (de)	**sjöman (en)**	['ʃø:,man]
kapitein (de)	**kapten (en)**	[kap'ten]
bootsman (de)	**båtsman (en)**	['bɔtsman]

artillerist (de)	**artillerist (en)**	[a:tilʲe'rist]
valschermjager (de)	**fallskärmsjägare (en)**	['falʲfjæ:rms jɛ:garə]
piloot (de)	**flygare (en)**	['flʲygarə]
stuurman (de)	**styrman (en)**	['styr,man]
mecanicien (de)	**mekaniker (en)**	[me'kanikər]

sappeur (de)	**pionjär (en)**	[piʊ'njæ:r]
parachutist (de)	**fallskärmshoppare (en)**	['falʲfjæ:rms ,hoparə]
verkenner (de)	**spaningssoldat (en)**	['spaniŋs sʊlʲ'dat]
scherpschutter (de)	**prickskytt (en)**	['prik,fjyt]
patrouille (de)	**patrull (en)**	[pat'rulʲ]
patrouilleren (ww)	**att patrullera**	[at patru'lʲera]
wacht (de)	**vakt (en)**	['vakt]

krijger (de)	**krigare (en)**	['krigarə]
held (de)	**hjälte (en)**	['jɛlʲtə]
heldin (de)	**hjältinna (en)**	['jɛlʲ,tina]
patriot (de)	**patriot (en)**	[patri'ʊt]

verrader (de)	**förrädare (en)**	[fœ:'rɛ:darə]
verraden (ww)	**att förråda**	[at fœ:'ro:da]
deserteur (de)	**desertör (en)**	[desɛ:'ʈø:r]
deserteren (ww)	**att desertera**	[at desɛ:'ʈera]

huurling (de)	**legosoldat (en)**	['lʲegʊ,sʊlʲ'dat]
rekruut (de)	**rekryt (en)**	[rɛk'ryt]
vrijwilliger (de)	**frivillig (en)**	['fri,vilig]

gedode (de)	**döda (en)**	['dø:da]
gewonde (de)	**sårad (en)**	['so:rad]
krijgsgevangene (de)	**fånge (en)**	['fɔŋə]

112. Oorlog. Militaire acties. Deel 1

oorlog (de)	**krig (ett)**	['krig]
oorlog voeren (ww)	**att vara i krig**	[at 'vara i ,krig]

burgeroorlog (de)	inbördeskrig (ett)	['inbø:dɛsˌkrig]
achterbaks (bw)	lömsk, förrädisk	['lʲømsk], [fœː'rɛdisk]
oorlogsverklaring (de)	krigsförklaring (en)	['krigsˌfør'klʲariŋ]
verklaren (de oorlog ~)	att förklara	[at førˈklʲara]
agressie (de)	aggression (en)	[agrɛ'ɧʊn]
aanvallen (binnenvallen)	att angripa	[at 'anˌgripa]

binnenvallen (ww)	att invadera	[at inva'dera]
invaller (de)	angripare (en)	['anˌgriparə]
veroveraar (de)	erövrare (en)	[ɛ'rœvrarə]

verdediging (de)	försvar (ett)	[fœː'ʂvar]
verdedigen (je land ~)	att försvara	[at fœː'ʂvara]
zich verdedigen (ww)	att försvara sig	[at fœː'ʂvara sɛj]

vijand (de)	fiende (en)	['fjɛndə]
tegenstander (de)	motståndare (en)	['mʊtˌstɔndarə]
vijandelijk (bn)	fientlig	['fjɛntlig]

strategie (de)	strategi (en)	[strate'ɧiː]
tactiek (de)	taktik (en)	[tak'tik]

order (de)	order (en)	['ɔːdər]
bevel (het)	order, kommando (en)	['ɔːdər], [kɔm'mandʊ]
bevelen (ww)	att beordra	[at be'oːdra]
opdracht (de)	uppdrag (ett)	['updrag]
geheim (bn)	hemlig	['hɛmlig]

slag (de)	batalj (en)	[ba'talʲ]
veldslag (de)	slag (ett)	['slʲag]
strijd (de)	kamp (en)	['kamp]

aanval (de)	angrepp (ett)	['anˌgrɛp]
bestorming (de)	stormning (en)	['stɔrmniŋ]
bestormen (ww)	att storma	[at 'stɔrma]
bezetting (de)	belägring (en)	[be'lʲɛgriŋ]

aanval (de)	offensiv (en)	['ɔfɛnˌsiːv]
in het offensief te gaan	att angripa	[at 'anˌgripa]

terugtrekking (de)	reträtt (en)	[rɛ'træt]
zich terugtrekken (ww)	att retirera	[at reti'rera]

omsingeling (de)	omringning (en)	['ɔmˌriŋniŋ]
omsingelen (ww)	att omringa	[at 'ɔmˌriŋa]

bombardement (het)	bombning (en)	['bɔmbniŋ]
een bom gooien	att släppa en bomb	[at 'slʲepa en bɔmb]
bombarderen (ww)	att bombardera	[at bɔmba'dera]
ontploffing (de)	explosion (en)	[ɛksplʲɔ'ɧʊn]

schot (het)	skott (ett)	['skɔt]
een schot lossen	att skjuta	[at 'ɧɵːta]
schieten (het)	skjutande (ett)	['ɧɵːtandə]
mikken op (ww)	att sikta på ...	[at 'sikta pɔ ...]
aanleggen (een wapen ~)	att rikta	[at 'rikta]

treffen (doelwit ~)	att träffa	[at 'trɛfa]
zinken (tot zinken brengen)	att sänka	[at 'sɛŋka]
kogelgat (het)	hål (ett)	['hoːlʲ]
zinken (gezonken zijn)	att sjunka	[at 'ɧuŋka]

front (het)	front (en)	['frɔnt]
evacuatie (de)	evakuering (en)	[ɛvakʉ'eːriŋ]
evacueren (ww)	att evakuera	[at ɛvakʉ'eːra]

loopgraaf (de)	skyttegrav (en)	['ɧʏtə̩grav]
prikkeldraad (de)	taggtråd (en)	['tag̩troːd]
verdedigingsobstakel (het)	avspärning (en)	['av̩spɛrniŋ]
wachttoren (de)	vakttorn (ett)	['vakt̩tʉːŋ]

hospitaal (het)	militärsjukhus (ett)	[mili'tæːrs̩hʉs]
verwonden (ww)	att såra	[at 'soːra]
wond (de)	sår (ett)	['soːr]
gewonde (de)	sårad (en)	['soːrad]
gewond raken (ww)	att bli sårad	[at bli 'soːrad]
ernstig (~e wond)	allvarlig	[alʲ'vaːlʲig]

113. Oorlog. Militaire acties. Deel 2

krijgsgevangenschap (de)	fångenskap (en)	['fɔŋən̩skap]
krijgsgevangen nemen	att tillfångata	[at tilʲ'fɔŋata]
krijgsgevangene zijn	att vara i fångenskap	[at 'vara i 'fɔŋən̩skap]
krijgsgevangen genomen worden	att bli tagen till fånga	[at bli 'tagən tilʲ 'fɔŋa]

concentratiekamp (het)	koncentrationsläger (ett)	[kɔnsentra'ɧʉns̩lʲeːgər]
krijgsgevangene (de)	fånge (en)	['fɔŋə]
vluchten (ww)	att fly	[at flʲy]

verraden (ww)	att förråda	[at fœ:'roːda]
verrader (de)	förrädare (en)	[fœ:'rɛ:darə]
verraad (het)	förräderi (ett)	[fœ:rɛ:de'riː]

| fusilleren (executeren) | att arkebusera | [at 'arkebʉ̩sera] |
| executie (de) | arkebusering (en) | ['arkebʉ̩seriŋ] |

uitrusting (de)	mundering (en)	[mun'deriŋ]
schouderstuk (het)	axelklaff (en)	['aksɛlʲ̩klʲaf]
gasmasker (het)	gasmask (en)	['gas̩mask]

portofoon (de)	fältradio (en)	['fɛlt̩radiʊ]
geheime code (de)	chiffer (ett)	['ɧifər]
samenzwering (de)	sekretess (en)	[sɛkre'tɛs]
wachtwoord (het)	lösenord (ett)	['lʲøːsən̩ʊːd]

mijn (landmijn)	mina (en)	['mina]
ondermijnen (legden mijnen)	att minera	[at mi'nera]
mijnenveld (het)	minfält (ett)	['min̩fɛlʲt]
luchtalarm (het)	flyglarm (ett)	['flyg̩lʲarm]
alarm (het)	alarm (ett)	[a'lʲarm]

signaal (het)	signal (en)	[sig'nalʲ]
vuurpijl (de)	signalraket (en)	[sig'nalʲˌraket]

staf (generale ~)	stab (en)	['stab]
verkenningstocht (de)	spaning (en)	['spaniŋ]
toestand (de)	situation (en)	[sitʉa'ɧʊn]
rapport (het)	rapport (en)	[ra'pɔ:t]
hinderlaag (de)	bakhåll (ett)	['bakˌho:lʲ]
versterking (de)	förstärkning (en)	[fœ:'ʂtæ:kniŋ]

doel (bewegend ~)	mål (ett)	['mo:lʲ]
proefterrein (het)	skjutbana (en)	['ɧʉ:tˌbana]
manoeuvres (mv.)	manövrar (pl)	[ma'nœvrar]

paniek (de)	panik (en)	[pa'nik]
verwoesting (de)	ödeläggelse (en)	['ø:dəˌlʲɛgəlʲsə]
verwoestingen (mv.)	ruiner (pl)	[rʉ'i:nər]
verwoesten (ww)	att ödelägga	[at 'ødəˌlʲɛga]

overleven (ww)	att överleva	[at 'ø:vəˌlʲeva]
ontwapenen (ww)	att avväpna	[at 'avˌvɛpna]
behandelen (een pistool ~)	att hantera	[at han'tera]

Geeft acht!	Givakt!	[ji'vakt]
Op de plaats rust!	Lystring - STÄLL! Manöver!	['lʲystriŋ - stɛlʲ], [ma'nøvər]

heldendaad (de)	bedrift (en)	[be'drift]
eed (de)	ed (en)	['ɛd]
zweren (een eed doen)	att svära	[at 'svæ:ra]

decoratie (de)	belöning (en)	[be'lʲø:niŋ]
onderscheiden (een ereteken geven)	att belöna	[at be'lʲø:na]
medaille (de)	medalj (en)	[me'dalj]
orde (de)	orden (en)	['ɔ:dən]

overwinning (de)	seger (en)	['segər]
verlies (het)	nederlag (ett)	['nedə:ˌlʲag]
wapenstilstand (de)	vapenvila (en)	['vapənˌvilʲa]

wimpel (vaandel)	fana (en)	['fana]
roem (de)	berömmelse (en)	[be'rœməlʲsə]
parade (de)	parad (en)	[pa'rad]
marcheren (ww)	att marschera	[at mar'ʃera]

114. Wapens

wapens (mv.)	vapen (ett)	['vapən]
vuurwapens (mv.)	skjutvapen (ett)	['ɧʉ:tˌvapən]
koude wapens (mv.)	blank vapen (ett)	['blʲaŋk 'vapən]

chemische wapens (mv.)	kemiskt vapen (ett)	['ɕemiskt 'vapən]
kern-, nucleair (bn)	kärn-	['ɕæ:ɳ-]
kernwapens (mv.)	kärnvapen (ett)	['ɕæ:ɳˌvapən]

bom (de)	bomb (en)	['bɔmb]
atoombom (de)	atombomb (en)	[a'tɔm,bɔmb]

pistool (het)	pistol (en)	[pi'stʊlʲ]
geweer (het)	gevär (ett)	[je'væ:r]
machinepistool (het)	maskinpistol (en)	[ma'ɧi:n pi'stʊlʲ]
machinegeweer (het)	maskingevär (ett)	[ma'ɧi:n je'væ:r]

loop (schietbuis)	mynning (en)	['mʏniŋ]
loop (bijv. geweer met kortere ~)	lopp (ett)	['lʲɔp]
kaliber (het)	kaliber (en)	[ka'libər]

trekker (de)	avtryckare (en)	['av,trʏkarə]
korrel (de)	sikte (ett)	['siktə]
magazijn (het)	magasin (ett)	[maga'sin]
geweerkolf (de)	kolv (en)	['kɔlʲv]

granaat (handgranaat)	handgranat (en)	['hand gra,nat]
explosieven (mv.)	sprängämne (ett)	['sprɛŋ,ɛmnə]

kogel (de)	kula (en)	['kʉ:lʲa]
patroon (de)	patron (en)	[pa'trʊn]
lading (de)	laddning (en)	['lʲadniŋ]
ammunitie (de)	ammunition (en)	[amʉni'ɧʊn]

bommenwerper (de)	bombplan (ett)	['bɔmb,plʲan]
straaljager (de)	jaktplan (ett)	['jakt,plʲan]
helikopter (de)	helikopter (en)	[heli'kɔptər]

afweergeschut (het)	luftvärnskanon (en)	['lʉftvæ:ŋs ka'nʊn]
tank (de)	stridsvagn (en)	['strids,vagn]
kanon (tank met een ~ van 76 mm)	kanon (en)	[ka'nʊn]

artillerie (de)	artilleri (ett)	[a:ʈilʲe'ri:]
kanon (het)	kanon (en)	[ka'nʊn]
aanleggen (een wapen ~)	att rikta in	[at 'rikta in]

projectiel (het)	projektil (en)	[prʊɧek'ti'lʲ]
mortiergranaat (de)	granat (en)	[gra'nat]
mortier (de)	granatkastare (en)	[gra'nat,kastarə]
granaatscherf (de)	splitter (ett)	['splitər]

duikboot (de)	ubåt (en)	[ʉ:'bo:t]
torpedo (de)	torped (en)	[tɔr'ped]
raket (de)	robot, missil (en)	['rɔbɔt], [mi'silʲ]

laden (geweer, kanon)	att ladda	[at 'lʲada]
schieten (ww)	att skjuta	[at 'ɧʉ:ta]
richten op (mikken)	att sikta på ...	[at 'sikta pɔ ...]
bajonet (de)	bajonett (en)	[bajʉ'nɛt]

degen (de)	värja (en)	['væ:rja]
sabel (de)	sabel (en)	['sabəlʲ]
speer (de)	spjut (ett)	['spjʉ:t]

boog (de)	båge (en)	['boːgə]
pijl (de)	pil (en)	['pilʲ]
musket (de)	musköt (en)	[mu'skøːt]
kruisboog (de)	armborst (ett)	['arm‚bɔːʂt]

115. Oude mensen

primitief (bn)	ur-	['ʉr-]
voorhistorisch (bn)	förhistorisk	['førhi‚stʉrisk]
eeuwenoude (~ beschaving)	forntida, antikens	['fʊːn‚tida], [an'tikəns]

Steentijd (de)	Stenåldern	['sten‚ɔːlʲdɛːŋ]
Bronstijd (de)	bronsålder (en)	['brɔns‚oːlʲdər]
IJstijd (de)	istid (en)	['is‚tid]

stam (de)	stam (en)	['stam]
menseneter (de)	kannibal (en)	[kani'balʲ]
jager (de)	jägare (en)	['jɛːgarə]
jagen (ww)	att jaga	[at 'jaga]
mammoet (de)	mammut (en)	[ma'mut]

| grot (de) | grotta (en) | ['grɔta] |
| vuur (het) | eld (en) | ['ɛlʲd] |

| kampvuur (het) | bål (ett) | ['boːlʲ] |
| rotstekening (de) | hällristning (en) | ['hɛlʲ‚ristniŋ] |

werkinstrument (het)	redskap (ett)	['rɛd‚skap]
speer (de)	spjut (ett)	['spjʉːt]
stenen bijl (de)	stenyxa (en)	['sten‚yksa]

| oorlog voeren (ww) | att vara i krig | [at 'vara i ‚krig] |
| temmen (bijv. wolf ~) | att tämja | [at 'tɛmja] |

| idool (het) | idol (en) | [i'dɔlʲ] |
| aanbidden (ww) | att dyrka | [at 'dyrka] |

| bijgeloof (het) | vidskepelse (en) | ['vid‚ɧɛpəlʲsə] |
| ritueel (het) | ritual (en) | [ritu'alʲ] |

| evolutie (de) | evolution (en) | [ɛvɔlʉ'ɧʊn] |
| ontwikkeling (de) | utveckling (en) | ['ʉt‚vɛkliŋ] |

| verdwijning (de) | försvinnande (ett) | [fœ:'ʂvinandə] |
| zich aanpassen (ww) | att anpassa sig | [at 'an‚pasa sɛj] |

archeologie (de)	arkeologi (en)	[‚arkeʉlʲɔ'giː]
archeoloog (de)	arkeolog (en)	[‚arkeʉ'lʲɔg]
archeologisch (bn)	arkeologisk	[‚arkeʉ'lʲɔgisk]

opgravingsplaats (de)	utgrävningsplats (en)	['ʉt‚grɛvniŋs 'plʲats]
opgravingen (mv.)	utgrävningar (pl)	['ʉt‚grɛvniŋar]
vondst (de)	fynd (ett)	['fʏnd]
fragment (het)	fragment (ett)	[frag'mɛnt]

116. Middeleeuwen

volk (het)	**folk (ett)**	['fɔlʲk]
volkeren (mv.)	**folk** (pl)	['fɔlʲk]
stam (de)	**stam (en)**	['stam]
stammen (mv.)	**stammar** (pl)	['stamar]
barbaren (mv.)	**barbarer** (pl)	[bar'barər]
Galliërs (mv.)	**galler** (pl)	['galʲer]
Goten (mv.)	**goter** (pl)	['gʊtər]
Slaven (mv.)	**slavar** (pl)	['slʲavar]
Vikings (mv.)	**vikingar** (pl)	['vikiŋar]
Romeinen (mv.)	**romare** (pl)	['rʊmarə]
Romeins (bn)	**romersk**	['rʊmɛʂk]
Byzantijnen (mv.)	**bysantiner** (pl)	[bysan'tinər]
Byzantium (het)	**Bysans**	['bysans]
Byzantijns (bn)	**bysantinsk**	[bysan'tinsk]
keizer (bijv. Romeinse ~)	**kejsare (en)**	['çejsarə]
opperhoofd (het)	**hövding (en)**	['hœvdiŋ]
machtig (bn)	**mäktig, kraftfull**	['mɛktig], ['kraft,fulʲ]
koning (de)	**kung (en)**	['kuŋ]
heerser (de)	**härskare (en)**	['hæːʂkarə]
ridder (de)	**riddare (en)**	['ridarə]
feodaal (de)	**feodalherre (en)**	[feʊ'dalʲˌhærə]
feodaal (bn)	**feodal-**	[feʊ'dalʲ-]
vazal (de)	**vasall (en)**	[va'salʲ]
hertog (de)	**hertig (en)**	['hɛːʈig]
graaf (de)	**greve (en)**	['grevə]
baron (de)	**baron (en)**	[ba'rʊn]
bisschop (de)	**biskop (en)**	['biskɔp]
harnas (het)	**rustning (en)**	['rustniŋ]
schild (het)	**sköld (en)**	['ʃœlʲd]
zwaard (het)	**svärd (ett)**	['svæːɖ]
vizier (het)	**visir (ett)**	[vi'sir]
maliënkolder (de)	**ringbrynja (en)**	['riŋˌbrʏnja]
kruistocht (de)	**korståg (ett)**	['kɔːʂˌtoːg]
kruisvaarder (de)	**korsfarare (en)**	['kɔːʂˌfararə]
gebied (bijv. bezette ~en)	**territorium (ett)**	[tɛri'tʊrium]
aanvallen (binnenvallen)	**att angripa**	[at 'anˌgripa]
veroveren (ww)	**att erövra**	[at ɛ'rœvra]
innemen (binnenvallen)	**att ockupera**	[at ɔkʉp'era]
bezetting (de)	**belägring (en)**	[be'lʲɛgriŋ]
bezet (bn)	**belägrad**	[be'lʲɛgrad]
belegeren (ww)	**att belägra**	[at be'lʲɛgra]
inquisitie (de)	**inkvisition (en)**	[iŋkvisi'ʃʊn]
inquisiteur (de)	**inkvisitor (en)**	[iŋkvi'sitʊr]

foltering (de)	tortyr (en)	[tɔːˈtyr]
wreed (bn)	brutal	[brʉˈtalʲ]
ketter (de)	kättare (en)	[ˈçætarə]
ketterij (de)	kätteri (ett)	[çæteˈriː]

zeevaart (de)	sjöfart (en)	[ˈɧøːˌfaːt]
piraat (de)	pirat, sjörövare (en)	[piˈrat], [ˈɧøːˌrøːvarə]
piraterij (de)	sjöröveri (ett)	[ˈɧøːˌrøːveˈriː]
enteren (het)	äntring (en)	[ˈɛntriŋ]
buit (de)	byte (ett)	[ˈbytə]
schatten (mv.)	skatter (pl)	[ˈskatər]

ontdekking (de)	upptäckt (en)	[ˈupˌtɛkt]
ontdekken (bijv. nieuw land)	att upptäcka	[at ˈupˌtɛka]
expeditie (de)	expedition (en)	[ɛkspediˈɧʊn]

musketier (de)	musketör (en)	[muskəˈtøːr]
kardinaal (de)	kardinal (en)	[kaːɖiˈnalʲ]
heraldiek (de)	heraldik (en)	[heralʲˈdik]
heraldisch (bn)	heraldisk	[heˈralʲdisk]

117. Leider. Baas. Autoriteiten

koning (de)	kung (en)	[ˈkuŋ]
koningin (de)	drottning (en)	[ˈdrɔtniŋ]
koninklijk (bn)	kunglig	[ˈkuŋlig]
koninkrijk (het)	kungarike (ett)	[ˈkuŋaˌrikə]

prins (de)	prins (en)	[ˈprins]
prinses (de)	prinsessa (en)	[prinˈsɛsa]

president (de)	president (en)	[prɛsiˈdɛnt]
vicepresident (de)	vicepresident (en)	[ˈvisəˌprɛsiˈdɛnt]
senator (de)	senator (en)	[seˈnatʊr]

monarch (de)	monark (en)	[mʊˈnark]
heerser (de)	härskare (en)	[ˈhæːʂkarə]
dictator (de)	diktator (en)	[dikˈtatʊr]
tiran (de)	tyrann (en)	[tyˈran]
magnaat (de)	magnat (en)	[magˈnat]

directeur (de)	direktör (en)	[dirɛkˈtøːr]
chef (de)	chef (en)	[ˈɧef]
beheerder (de)	föreståndare (en)	[førəˈstɔndarə]
baas (de)	boss (en)	[ˈbɔs]
eigenaar (de)	ägare (en)	[ˈɛːgarə]

leider (de)	ledare (en)	[ˈlʲedarə]
hoofd (bijv. ~ van de delegatie)	ledare (en)	[ˈlʲedarə]

autoriteiten (mv.)	myndigheter (pl)	[ˈmyndiˌhetər]
superieuren (mv.)	överordnade (pl)	[ˈøːvərˌɔːɖnadə]
gouverneur (de)	guvernör (en)	[gʉvɛːˈɳøːr]
consul (de)	konsul (en)	[ˈkɔnsulʲ]

diplomaat (de)	**diplomat (en)**	[dipl'o'mat]
burgemeester (de)	**borgmästare (en)**	['bɔrj,mɛstarə]
sheriff (de)	**sheriff (en)**	[ʃe'rif]

keizer (bijv. Romeinse ~)	**kejsare (en)**	['ɕejsarə]
tsaar (de)	**tsar (en)**	['tsar]
farao (de)	**farao (en)**	['faraʊ]
kan (de)	**kan (en)**	['kan]

118. De wet overtreden. Criminelen. Deel 1

bandiet (de)	**bandit (en)**	[ban'dit]
misdaad (de)	**brott (ett)**	['brɔt]
misdadiger (de)	**förbrytare (en)**	[før'brytarə]

dief (de)	**tjuv (en)**	['ɕʉ:v]
stelen (ww)	**att stjäla**	[at 'ɧɛ:lʲa]
stelen (de)	**tjuveri (ett)**	[ɕʉve'ri:]
diefstal (de)	**stöld (en)**	['stœlʲd]

kidnappen (ww)	**att kidnappa**	[at 'kid,napa]
kidnapping (de)	**kidnapping (en)**	['kid,napiŋ]
kidnapper (de)	**kidnappare (en)**	['kid,naparə]

losgeld (het)	**lösesumma (en)**	['lʲø:sə,suma]
eisen losgeld (ww)	**att kräva lösesumma**	[at 'krɛ:va 'lʲø:sə,suma]

overvallen (ww)	**att råna**	[at 'ro:na]
overval (de)	**rån (ett)**	['ro:n]
overvaller (de)	**rånare (en)**	['ro:narə]

afpersen (ww)	**att pressa ut**	[at 'prɛsa ʉt]
afperser (de)	**utpressare (en)**	['ʉt,prɛsarə]
afpersing (de)	**utpressning (en)**	['ʉt,prɛsniŋ]

vermoorden (ww)	**att mörda**	[at 'mø:ɖa]
moord (de)	**mord (ett)**	['mʊ:ɖ]
moordenaar (de)	**mördare (en)**	['mø:ɖarə]

schot (het)	**skott (ett)**	['skɔt]
een schot lossen	**att skjuta**	[at 'ɧʉ:ta]
neerschieten (ww)	**att skjuta ner**	[at 'ɧʉ:ta ner]
schieten (ww)	**att skjuta**	[at 'ɧʉ:ta]
schieten (het)	**skjutande (ett)**	['ɧʉ:tandə]

ongeluk (gevecht, enz.)	**händelse (en)**	['hɛndəlʲsə]
gevecht (het)	**slagsmål (ett)**	['slʲaks,mo:lʲ]
Help!	**Hjälp!**	['jɛlʲp]
slachtoffer (het)	**offer (ett)**	['ɔfər]

beschadigen (ww)	**att skada**	[at 'skada]
schade (de)	**skada (en)**	['skada]
lijk (het)	**lik (ett)**	['lik]
zwaar (~ misdrijf)	**allvarligt**	[alʲ'va:lit]

aanvallen (ww)	att anfalla	[at 'anfalˡa]
slaan (iemand ~)	att slå	[at 'slˡoː]
in elkaar slaan (toetakelen)	att prygla	[at 'prʏglˡa]
ontnemen (beroven)	att beröva	[at be'røːva]
steken (met een mes)	att skära ihjäl	[at 'ɧæːra i'jɛlˡ]
verminken (ww)	att lemlästa	[at 'lemˌlɛsta]
verwonden (ww)	att såra	[at 'soːra]

chantage (de)	utpressning (en)	['ʉtˌprɛsniŋ]
chanteren (ww)	att utpressa	[at 'ʉtˌprɛsa]
chanteur (de)	utpressare (en)	['ʉtˌprɛsarə]

afpersing (de)	utpressning (en)	['ʉtˌprɛsniŋ]
afperser (de)	utpressare (en)	['ʉtˌprɛsarə]
gangster (de)	gangster (en)	['gaŋstər]
maffia (de)	maffia (en)	['mafia]

kruimeldief (de)	ficktjuv (en)	['fikˌɕʉːv]
inbreker (de)	inbrottstjuv (en)	['inbrɔtsˌɕʉːv]
smokkelen (het)	smuggling (en)	['smugliŋ]
smokkelaar (de)	smugglare (en)	['smuglˡarə]

namaak (de)	förfalskning (en)	[før'falˡskniŋ]
namaken (ww)	att förfalska	[at før'falˡska]
namaak-, vals (bn)	falsk	['falˡsk]

119. De wet overtreden. Criminelen. Deel 2

verkrachting (de)	våldtäkt (en)	['voːlˡˌtɛkt]
verkrachten (ww)	att våldta	[at 'voːlˡˌta]
verkrachter (de)	våldtäktsman (en)	['voːlˡtɛktsˌman]
maniak (de)	maniker (en)	['manikər]

prostituee (de)	prostituerad (en)	[prɔstitʉ'ɛrad]
prostitutie (de)	prostitution (en)	[prɔstitʉ'ɧʊn]
pooier (de)	hallik (en)	['halik]

drugsverslaafde (de)	narkoman (en)	[narkʊ'man]
drugshandelaar (de)	droglangare (en)	['drʊgˌlˡaŋarə]

opblazen (ww)	att spränga	[at 'sprɛŋa]
explosie (de)	explosion (en)	[ɛksplˡɔ'ɧʊn]
in brand steken (ww)	att sätta eld	[at 'sæta ˌɛlˡd]
brandstichter (de)	mordbrännare (en)	['mʊːdˌbrɛnarə]

terrorisme (het)	terrorism (en)	[tɛrʊ'rism]
terrorist (de)	terrorist (en)	[tɛrʊ'rist]
gijzelaar (de)	gisslan (en)	['jislˡan]

bedriegen (ww)	att bedra	[at be'dra]
bedrog (het)	bedrägeri (en)	[bedrɛːge'riː]
oplichter (de)	bedragare (en)	[be'dragarə]
omkopen (ww)	att muta, att besticka	[at 'mʉːta], [at be'stika]
omkoperij (de)	muta (en)	['mʉːta]

smeergeld (het)	muta (en)	['mʉːta]
vergif (het)	gift (en)	['jift]
vergiftigen (ww)	att förgifta	[at før'jifta]
vergif innemen (ww)	att förgifta sig själv	[at før'jifta sɛj ɧɛlʲv]
zelfmoord (de)	självmord (ett)	['ɧɛlʲvˌmʉːɖ]
zelfmoordenaar (de)	självmördare (en)	['ɧɛlʲvˌmøːɖarə]
bedreigen (bijv. met een pistool)	att hota	[at 'hʊta]
bedreiging (de)	hot (ett)	['hʊt]
een aanslag plegen	att begå mordförsök	[at be'go 'mʉːɖfœːˌʂøːk]
aanslag (de)	mordförsök (ett)	['mʉːɖfœːˌʂøːk]
stelen (een auto)	att stjäla	[at 'ɧɛːlʲa]
kapen (een vliegtuig)	att kapa	[at 'kapa]
wraak (de)	hämnd (en)	['hɛmnd]
wreken (ww)	att hämnas	[at 'hɛmnas]
martelen (gevangenen)	att tortera	[at tɔ'ʈera]
foltering (de)	tortyr (en)	[tɔ'ʈyr]
folteren (ww)	att plåga	[at 'plʲoːga]
piraat (de)	pirat, sjörövare (en)	[pi'rat], ['ɧøːˌrøːvarə]
straatschender (de)	buse (en)	['bʉːsə]
gewapend (bn)	beväpnad	[be'vɛpnad]
geweld (het)	våld (ett)	['voːlʲd]
onwettig (strafbaar)	illegal	['ilʲeˌgalʲ]
spionage (de)	spioneri (ett)	[spiʉne'riː]
spioneren (ww)	att spionera	[at spiʉ'nera]

120. Politie. Wet. Deel 1

gerecht (het)	rättvisa (en)	['rætˌvisa]
gerechtshof (het)	rättssal (en)	['rætˌsalʲ]
rechter (de)	domare (en)	['dʉmarə]
jury (de)	jurymedlemmer (pl)	['jʉriˌmedle'mər]
juryrechtspraak (de)	juryrättegång (en)	['jʉriˌræte'goŋ]
berechten (ww)	att döma	[at 'døːma]
advocaat (de)	advokat (en)	[advʊ'kat]
beklaagde (de)	anklagad (en)	['aŋˌklʲagad]
beklaagdenbank (de)	anklagades bänk (en)	['aŋˌklʲagadəs ˌbɛŋk]
beschuldiging (de)	anklagelse (en)	['aŋˌklʲagəlʲsə]
beschuldigde (de)	den anklagade	[dɛn 'aŋˌklʲagadə]
vonnis (het)	dom (en)	['dɔm]
veroordelen (in een rechtszaak)	att döma	[at 'døːma]
schuldige (de)	skyldig (en)	['ɧylʲdig]

straffen (ww)	att straffa	[at 'strafa]
bestraffing (de)	straff (ett)	['straf]
boete (de)	bot (en)	['bʊt]
levenslange opsluiting (de)	livstids fängelse (ett)	['livstids 'fɛŋəlʲsə]
doodstraf (de)	dödsstraff (ett)	['dø:d,straf]
elektrische stoel (de)	elektrisk stol (en)	[ɛ'lʲektrisk ,stʊlʲ]
schavot (het)	galge (en)	['galjə]
executeren (ww)	att avrätta	[at 'av,ræta]
executie (de)	avrättning (en)	['av,rætniŋ]
gevangenis (de)	fängelse (ett)	['fɛŋəlʲsə]
cel (de)	cell (en)	['sɛlʲ]
konvooi (het)	eskort (en)	[ɛs'kɔ:t]
gevangenisbewaker (de)	fångvaktare (en)	['fɔŋ,vaktarə]
gedetineerde (de)	fånge (en)	['fɔŋə]
handboeien (mv.)	handbojor (pl)	['hand,bojʊr]
handboeien omdoen	att sätta handbojor	[at 'sæta 'hand,bojʊr]
ontsnapping (de)	flukt (en)	['flʉkt]
ontsnappen (ww)	att rymma	[at 'rʏma]
verdwijnen (ww)	att försvinna	[at fœ:'ʂvina]
vrijlaten (uit de gevangenis)	att frige	[at 'frijə]
amnestie (de)	amnesti (en)	[amnɛs'ti:]
politie (de)	polis (en)	[pʊ'lis]
politieagent (de)	polis (en)	[pʊ'lis]
politiebureau (het)	polisstation (en)	[pʊ'lis,sta'ʃʊn]
knuppel (de)	gummibatong (en)	['gumiba,tʊŋ]
megafoon (de)	megafon (en)	[mega'fɔn]
patrouilleerwagen (de)	patrullbil (en)	[pat'rulʲ,bil]
sirene (de)	siren (en)	[si'ren]
de sirene aansteken	att slå på sirenen	[at slʲo: pɔ si'renən]
geloei (het) van de sirene	siren tjut (ett)	[si'ren ,ɕʉ:t]
plaats delict (de)	brottsplats (en)	['brɔts plʲats]
getuige (de)	vittne (ett)	['vitnə]
vrijheid (de)	frihet (en)	['fri,het]
handlanger (de)	medskyldig (en)	['mɛd,ʃylʲdig]
ontvluchten (ww)	att fly	[at flʲy]
spoor (het)	spår (ett)	['spo:r]

121. Politie. Wet. Deel 2

opsporing (de)	undersökning (en)	['undə,sœkniŋ]
opsporen (ww)	att söka efter ...	[at 'sø:ka ,ɛftər ...]
verdenking (de)	misstanke (en)	['mis,taŋkə]
verdacht (bn)	misstänksam	['mistɛŋksam]
aanhouden (stoppen)	att stanna	[at 'stana]
tegenhouden (ww)	att anhålla	[at 'an,ho:lʲa]

strafzaak (de)	sak, rättegång (en)	[sak], ['rætə‚gɔŋ]
onderzoek (het)	undersökning (en)	['undə‚sœkniŋ]
detective (de)	detektiv (en)	[detɛk'tiv]
onderzoeksrechter (de)	undersökare (en)	['undə‚sø:karə]
versie (de)	version (en)	[vɛr'ʃʊn]

motief (het)	motiv (ett)	[mʊ'tiv]
verhoor (het)	förhör (ett)	[før'hø:r]
ondervragen (door de politie)	att förhöra	[at før'hø:ra]
ondervragen (omstanders ~)	att avhöra	[at 'av‚hø:ra]
controle (de)	kontroll (en)	[kɔn'trolʲ]

razzia (de)	razzia (en)	['ratsia]
huiszoeking (de)	rannsakan (en)	['ran‚sakan]
achtervolging (de)	jakt (en)	['jakt]
achtervolgen (ww)	att förfölja	[at før'følja]
opsporen (ww)	att spåra	[at 'spo:ra]

arrest (het)	arrest (en)	[a'rɛst]
arresteren (ww)	att arrestera	[at arɛ'stera]
vangen, aanhouden (een dief, enz.)	att fånga	[at 'fɔŋa]
aanhouding (de)	gripande (en)	['gripandə]

document (het)	dokument (ett)	[dɔku'mɛnt]
bewijs (het)	bevis (ett)	[be'vis]
bewijzen (ww)	att bevisa	[at be'visa]
voetspoor (het)	fotspår (ett)	['fʊt‚spo:r]
vingerafdrukken (mv.)	fingeravtryck (pl)	['fiŋer‚avtrʏk]
bewijs (het)	bevis (ett)	[be'vis]

alibi (het)	alibi (ett)	['alibi]
onschuldig (bn)	oskyldig	[ʊ:'ʃylʲdig]
onrecht (het)	orättfärdighet (en)	['ʊræt‚fæ:dihet]
onrechtvaardig (bn)	orättfärdig	['ʊræt‚fæ:dig]

crimineel (bn)	kriminell	[krimi'nɛlʲ]
confisqueren (in beslag nemen)	att konfiskera	[at kɔnfi'skera]
drug (de)	drog, narkotika (en)	['drʊg], [nar'kotika]
wapen (het)	vapen (ett)	['vapən]
ontwapenen (ww)	att avväpna	[at 'av‚vɛpna]
bevelen (ww)	att befalla	[at be'falʲa]
verdwijnen (ww)	att försvinna	[at fœ:'ʂvina]

wet (de)	lag (en)	['lʲag]
wettelijk (bn)	laglig	['lʲaglig]
onwettelijk (bn)	olovlig	[ʊ:'lʲovlig]

verantwoordelijkheid (de)	ansvar (ett)	['an‚svar]
verantwoordelijk (bn)	ansvarig	['an‚svarig]

NATUUR

De Aarde. Deel 1

122. De kosmische ruimte

kosmos (de)	rymden, kosmos (ett)	[rʏmden], ['kɔsmɔs]
kosmisch (bn)	rymd-	['rʏmd-]
kosmische ruimte (de)	yttre rymd (en)	['ytrə ˌrʏmd]
heelal (het)	universum (ett)	[uni'vɛ:ʂum]
sterrenstelsel (het)	galax (en)	[ga'lʲaks]
ster (de)	stjärna (en)	['ɧæ:ɳa]
sterrenbeeld (het)	stjärnbild (en)	['ɧæ:ɳˌbilʲd]
planeet (de)	planet (en)	[plʲa'net]
satelliet (de)	satellit (en)	[satɛ'li:t]
meteoriet (de)	meteorit (en)	[meteʊ'rit]
komeet (de)	komet (en)	[kʊ'met]
asteroïde (de)	asteroid (en)	[asterʊ'id]
baan (de)	bana (en)	['bana]
draaien (om de zon, enz.)	att rotera	[at rʊ'tera]
atmosfeer (de)	atmosfär (en)	[atmʊ'sfæ:r]
Zon (de)	Solen	['sʊlʲən]
zonnestelsel (het)	solsystem (ett)	['sʊlʲ ˌsʏ'stem]
zonsverduistering (de)	solförmörkelse (en)	['sʊlʲfør'mœ:rkəlʲsə]
Aarde (de)	Jorden	['jʊ:ɖən]
Maan (de)	Månen	['mo:nən]
Mars (de)	Mars	['ma:ʂ]
Venus (de)	Venus	['ve:nus]
Jupiter (de)	Jupiter	['jupitər]
Saturnus (de)	Saturnus	[sa'tu:ɳus]
Mercurius (de)	Merkurius	[mɛr'kɵrius]
Uranus (de)	Uranus	[ɵ'ranus]
Neptunus (de)	Neptunus	[nep'tɵnus]
Pluto (de)	Pluto	['plɵtʊ]
Melkweg (de)	Vintergatan	['vintəˌgatan]
Grote Beer (de)	Stora bjornen	['stʊra 'bjʊ:ɳən]
Poolster (de)	Polstjärnan	['pʊlʲˌɧæ:ɳan]
marsmannetje (het)	marsian (en)	[ma:ʂi'an]
buitenaards wezen (het)	utomjording (en)	['ɵtɔmjʊ:ɖisk]

bovenaards (het)	rymdväsen (ett)	['rʏmd‚vɛsən]
vliegende schotel (de)	flygande tefat (ett)	['flʲʏgandə 'tefat]
ruimtevaartuig (het)	rymdskepp (ett)	['rʏmd‚ɧɛp]
ruimtestation (het)	rymdstation (en)	['rʏmd sta'ɧʊn]
start (de)	start (en)	['staːt]

motor (de)	motor (en)	['mʊtʊr]
straalpijp (de)	dysa (en)	['dysa]
brandstof (de)	bränsle (ett)	['brɛnslʲe]

cabine (de)	· cockpit, flygdäck (en)	['kɔkpit], ['flʏg‚dɛk]
antenne (de)	antenn (en)	[an'tɛn]
patrijspoort (de)	fönster (ett)	['fœnstər]
zonnebatterij (de)	solbatteri (ett)	['sʊlʲ‚batɛ'riː]
ruimtepak (het)	rymddräkt (en)	['rʏmd‚drɛkt]

| gewichtloosheid (de) | tyngdlöshet (en) | ['tʏŋdlʲøs‚het] |
| zuurstof (de) | syre, oxygen (ett) | ['syrə], ['oksygən] |

| koppeling (de) | dockning (en) | ['dɔkniŋ] |
| koppeling maken | att docka | [at 'dɔka] |

| observatorium (het) | observatorium (ett) | [ɔbsɛrva'tʊrium] |
| telescoop (de) | teleskop (ett) | [telʲe'skɔp] |

| waarnemen (ww) | att observera | [at ɔbsɛr'vera] |
| exploreren (ww) | att utforska | [at 'ʉt‚fɔːʂka] |

123. De Aarde

Aarde (de)	Jorden	['jʊːdən]
aardbol (de)	jordklot (ett)	['jʊːd‚klʲʊt]
planeet (de)	planet (en)	[plʲa'net]

atmosfeer (de)	atmosfär (en)	[atmʊ'sfæːr]
aardrijkskunde (de)	geografi (en)	[jeʊgra'fiː]
natuur (de)	natur (en)	[na'tʉːr]

wereldbol (de)	glob (en)	['glʲʊb]
kaart (de)	karta (en)	['kaːʈa]
atlas (de)	atlas (en)	['atlʲas]

| Europa (het) | Europa | [eu'rʊpa] |
| Azië (het) | Asien | ['asiən] |

| Afrika (het) | Afrika | ['afrika] |
| Australië (het) | Australien | [au'stralien] |

Amerika (het)	Amerika	[a'merika]
Noord-Amerika (het)	Nordamerika	['nʊːd a'merika]
Zuid-Amerika (het)	Sydamerika	['syd a'merika]

| Antarctica (het) | Antarktis | [an'tarktis] |
| Arctis (de) | Arktis | ['arktis] |

124. Windrichtingen

noorden (het)	norr	['nɔr]
naar het noorden	norrut	['nɔrʉt]
in het noorden	i norr	[i 'nɔr]
noordelijk (bn)	nordlig	['nʊːdlig]
zuiden (het)	söder (en)	['søːdər]
naar het zuiden	söderut	['søːdərʉt]
in het zuiden	i söder	[i 'søːdər]
zuidelijk (bn)	syd-, söder	['syd-], ['søːdər]
westen (het)	väster (en)	['vɛstər]
naar het westen	västerut	['vɛstərʉt]
in het westen	i väst	[i vɛst]
westelijk (bn)	västra	['vɛstra]
oosten (het)	öster (en)	['œstər]
naar het oosten	österut	['œstərʉt]
in het oosten	i öst	[i 'œst]
oostelijk (bn)	östra	['œstra]

125. Zee. Oceaan

zee (de)	hav (ett)	['hav]
oceaan (de)	ocean (en)	[ʊsə'an]
golf (baai)	bukt (en)	['bukt]
straat (de)	sund (ett)	['sund]
grond (vaste grond)	fastland (ett)	['fast‚lʲand]
continent (het)	fastland (ett), kontinent (en)	['fast‚lʲand], [kɔnti'nɛnt]
eiland (het)	ö (en)	['øː]
schiereiland (het)	halvö (en)	['halʲv‚øː]
archipel (de)	skärgård, arkipelag (en)	['ʃæːr‚goːd], [arkipe'lʲag]
baai, bocht (de)	bukt (en)	['bukt]
haven (de)	hamn (en)	['hamn]
lagune (de)	lagun (en)	[lʲa'gʉːn]
kaap (de)	udde (en)	['udə]
atol (de)	atoll (en)	[a'tɔlʲ]
rif (het)	rev (ett)	['rev]
koraal (het)	korall (en)	[kɔ'ralʲ]
koraalrif (het)	korallrev (ett)	[kɔ'ralʲ‚rev]
diep (bn)	djup	['jʉːp]
diepte (de)	djup (ett)	['jʉːp]
diepzee (de)	avgrund (en)	['av‚grund]
trog (bijv. Marianentrog)	djuphavsgrav (en)	['jʉːphavs‚grav]
stroming (de)	ström (en)	['strøːm]
omspoelen (ww)	att omge	[at 'ɔmje]
oever (de)	kust (en)	['kust]

kust (de)	kust (en)	['kust]
vloed (de)	flod (en)	['flʲʊd]
eb (de)	ebb (en)	['ɛb]
ondiepte (ondiep water)	sandbank (en)	['sandˌbaŋk]
bodem (de)	botten (en)	['bɔtən]

golf (hoge ~)	våg (en)	['voːg]
golfkam (de)	vågkam (en)	['voːgˌkam]
schuim (het)	skum (ett)	['skum]

orkaan (de)	orkan (en)	[ɔr'kan]
tsunami (de)	tsunami (en)	[tsu'nami]
windstilte (de)	stiltje (en)	['stilʲtjə]
kalm (bijv. ~e zee)	stilla	['stilʲa]

| pool (de) | pol (en) | ['pʊlʲ] |
| polair (bn) | pol-, polar- | ['pʊlʲ-], [pʊ'lʲar-] |

breedtegraad (de)	latitud (en)	[lʲati'tɵːd]
lengtegraad (de)	longitud (en)	[lʲɔŋi'tɵːd]
parallel (de)	breddgrad (en)	['brɛdˌgrad]
evenaar (de)	ekvator (en)	[ɛ'kvatʊr]

hemel (de)	himmel (en)	['himəlʲ]
horizon (de)	horisont (en)	[hʊri'sɔnt]
lucht (de)	luft (en)	['lʊft]

vuurtoren (de)	fyr (en)	['fyr]
duiken (ww)	att dyka	[at 'dyka]
zinken (ov. een boot)	att sjunka	[at 'ɧuŋka]
schatten (mv.)	skatter (pl)	['skatər]

126. Namen van zeeën en oceanen

Atlantische Oceaan (de)	Atlanten	[at'lʲantən]
Indische Oceaan (de)	Indiska oceanen	['indiska ʊse'anən]
Stille Oceaan (de)	Stilla havet	['stilʲa 'havɛt]
Noordelijke IJszee (de)	Norra ishavet	['nɔra ˌis'havɛt]

Zwarte Zee (de)	Svarta havet	['svaʈa 'havɛt]
Rode Zee (de)	Röda havet	['røːda 'havɛt]
Gele Zee (de)	Gula havet	['gɵːlʲa 'havɛt]
Witte Zee (de)	Vita havet	['vita 'havɛt]

Kaspische Zee (de)	Kaspiska havet	['kaspiska 'havɛt]
Dode Zee (de)	Döda havet	['døːda 'havɛt]
Middellandse Zee (de)	Medelhavet	['medəlʲˌhavɛt]

| Egeïsche Zee (de) | Egeiska havet | [ɛ'gejska 'havɛt] |
| Adriatische Zee (de) | Adriatiska havet | [adri'atiska 'havɛt] |

Arabische Zee (de)	Arabiska havet	[a'rabiska 'havɛt]
Japanse Zee (de)	Japanska havet	[ja'panska 'havɛt]
Beringzee (de)	Beringshavet	['beringsˌhavɛt]

Zuid-Chinese Zee (de)	Sydkinesiska havet	['sydɕiˌnesiska 'havɛt]
Koraalzee (de)	Korallhavet	[koˈralʲˌhavɛt]
Tasmanzee (de)	Tasmanhavet	[tasˈmanˌhavɛt]
Caribische Zee (de)	Karibiska havet	[kaˈribiska 'havɛt]
Barentszzee (de)	Barentshavet	['barɛntsˌhavɛt]
Karische Zee (de)	Karahavet	['karaˌhavɛt]
Noordzee (de)	Nordsjön	['nʊːɖˌɧøːn]
Baltische Zee (de)	Östersjön	['œstɛːˌɧøːn]
Noorse Zee (de)	Norska havet	['nɔːʂka 'havɛt]

127. Bergen

berg (de)	berg (ett)	['bɛrj]
bergketen (de)	bergskedja (en)	['bɛrjˌɕedja]
gebergte (het)	bergsrygg (en)	['bɛrjsˌrʏg]
bergtop (de)	topp (en)	['top]
bergpiek (de)	tinne (en)	['tinə]
voet (ov. de berg)	fot (en)	['fʊt]
helling (de)	sluttning (en)	['slʉːtniŋ]
vulkaan (de)	vulkan (en)	[vulʲ'kan]
actieve vulkaan (de)	verksam vulkan (en)	['vɛrksam vulʲ'kan]
uitgedoofde vulkaan (de)	slocknad vulkan (en)	['slʲoknad vulʲ'kan]
uitbarsting (de)	utbrott (ett)	['ʉtˌbrɔt]
krater (de)	krater (en)	['kratər]
magma (het)	magma (en)	['magma]
lava (de)	lava (en)	['lʲava]
gloeiend (~e lava)	glödgad	['glʲœdgad]
kloof (canyon)	kanjon (en)	['kanjɔn]
bergkloof (de)	klyfta (en)	['klʲyfta]
spleet (de)	skreva (en)	['skreva]
afgrond (de)	avgrund (en)	['avˌgrʉnd]
bergpas (de)	pass (ett)	['pas]
plateau (het)	platå (en)	[plʲa'toː]
klip (de)	klippa (en)	['klipa]
heuvel (de)	kulle, backe (en)	['kulʲə], ['bakə]
gletsjer (de)	glaciär, jökel (en)	[glʲas'jæːr], ['jøːkəlʲ]
waterval (de)	vattenfall (ett)	['vatənˌfalʲ]
geiser (de)	gejser (en)	['gɛjsər]
meer (het)	sjö (en)	['ɧøː]
vlakte (de)	slätt (en)	['slʲæt]
landschap (het)	landskap (ett)	['lʲaŋˌskap]
echo (de)	eko (ett)	['ɛkʊ]
alpinist (de)	alpinist (en)	['alʲpiˌnist]
bergbeklimmer (de)	bergsbestigare (en)	['bɛrjsˌbe'stigarə]

| trotseren (berg ~) | att erövra | [at ɛ'rœvra] |
| beklimming (de) | bestigning (en) | [be'stigniŋ] |

128. Bergen namen

Alpen (de)	Alperna	['alʲpɛ:ŋa]
Mont Blanc (de)	Mont Blanc	[ˌmɔn'blʲaŋ]
Pyreneeën (de)	Pyrenéerna	[pyre'neæ:ŋa]

Karpaten (de)	Karpaterna	[kar'patɛ:ŋa]
Oeralgebergte (het)	Uralbergen	[ʉ'ralʲˌbɛrjən]
Kaukasus (de)	Kaukasus	['kaukasus]
Elbroes (de)	Elbrus	['ɛlʲbrʉs]

Altaj (de)	Altaj	[alʲ'taj]
Tiensjan (de)	Tian Shan	[ti'anˌʃan]
Pamir (de)	Pamir	[pa'mir]
Himalaya (de)	Himalaya	[hi'malʲaja]
Everest (de)	Everest	[ɛve'rɛst]

| Andes (de) | Anderna | ['andɛ:ŋa] |
| Kilimanjaro (de) | Kilimanjaro | [kiliman'jarʉ] |

129. Rivieren

rivier (de)	älv, flod (en)	['ɛlʲv], ['flʲʉd]
bron (~ van een rivier)	källa (en)	['ɕɛlʲa]
rivierbedding (de)	flodbädd (en)	['flʲʉdˌbɛd]
rivierbekken (het)	flodbassäng (en)	['flʲʉdˌba'sɛŋ]
uitmonden in ...	att mynna ut ...	[at 'mynna ʉt ...]

| zijrivier (de) | biflod (en) | ['biˌflʲʉd] |
| oever (de) | strand (en) | ['strand] |

stroming (de)	ström (en)	['strø:m]
stroomafwaarts (bw)	nedströms	['nɛdˌstrœms]
stroomopwaarts (bw)	motströms	['mʊtˌstrœms]

overstroming (de)	översvämning (en)	['ø:vəˌsvɛmniŋ]
overstroming (de)	flöde (ett)	['flʲø:də]
buiten zijn oevers treden	att flöda över	[at 'flʲø:da ˌø:vər]
overstromen (ww)	att översvämma	[at 'ø:vəˌsvɛma]

| zandbank (de) | grund (ett) | ['grʉnd] |
| stroomversnelling (de) | forsar (pl) | [fo'ʂar] |

dam (de)	damm (en)	['dam]
kanaal (het)	kanal (en)	[ka'nalʲ]
spaarbekken (het)	reservoar (ett)	[resɛrvʊ'a:r]
sluis (de)	sluss (en)	['slʉ:s]
waterlichaam (het)	vattensamling (en)	['vatənˌsamliŋ]
moeras (het)	myr, mosse (en)	['myr], ['mʊsə]

broek (het)	gungfly (ett)	['guŋˌfly]
draaikolk (de)	strömvirvel (en)	['strø:mˌvirvəlʲ]

stroom (de)	bäck (en)	['bɛk]
drink- (abn)	dricks-	['driks-]
zoet (~ water)	söt-, färsk-	['sø:t-], ['fæ:ʂk-]

IJs (het)	is (en)	['is]
bevriezen (rivier, enz.)	att frysa till	[at 'frysa tilʲ]

130. Namen van rivieren

Seine (de)	Seine	['sɛ:n]
Loire (de)	Loire	[lʲuˈa:r]

Theems (de)	Themsen	['tɛmsən]
Rijn (de)	Rhen	['ren]
Donau (de)	Donau	['dɔnaʊ]

Wolga (de)	Volga	['vɔlʲga]
Don (de)	Don	['dɔn]
Lena (de)	Lena	['lʲena]

Gele Rivier (de)	Hwang-ho	[huaŋˈhʊ]
Blauwe Rivier (de)	Yangtze	['jaŋtsə]
Mekong (de)	Mekong	[meˈkɔn]
Ganges (de)	Ganges	['gaŋəs]

Nijl (de)	Nilen	['nilʲen]
Kongo (de)	Kongo	['kɔngʊ]
Okavango (de)	Okavango	[ɔkaˈvangʊ]
Zambezi (de)	Zambezi	[samˈbesi]
Limpopo (de)	Limpopo	[limˈpɔpɔ]
Mississippi (de)	Mississippi	[misiˈsipi]

131. Bos

bos (het)	skog (en)	['skʊg]
bos- (abn)	skogs-	['skʊgs-]

oerwoud (dicht bos)	tät skog (en)	['tɛt ˌskʊg]
bosje (klein bos)	lund (en)	['lʊnd]
open plek (de)	glänta (en)	['glʲɛnta]

struikgewas (het)	snår (ett)	['sno:r]
struiken (mv.)	buskterräng (en)	['busk tɛ'rɛŋ]

paadje (het)	stig (en)	['stig]
ravijn (het)	ravin (en)	[ra'vin]

boom (de)	träd (ett)	['trɛ:d]
blad (het)	löv (ett)	['lʲø:v]

gebladerte (het)	löv, lövverk (ett)	['lʲø:v], ['lʲø:værk]
vallende bladeren (mv.)	lövfällning (en)	['lʲø:v͵fɛlʲniŋ]
vallen (ov. de bladeren)	att falla	[at 'falʲa]
boomtop (de)	trädtopp (en)	['trɛ:͵tɔp]

tak (de)	gren, kvist (en)	['gren], ['kvist]
ent (de)	gren (en)	['gren]
knop (de)	knopp (en)	['knɔp]
naald (de)	nål (en)	['no:lʲ]
dennenappel (de)	kotte (en)	['kɔtə]

boom holte (de)	trädhål (ett)	['trɛ:d͵ho:lʲ]
nest (het)	bo (ett)	['bʊ]
hol (het)	lya, håla (en)	['lʲya], ['ho:lʲa]

stam (de)	stam (en)	['stam]
wortel (bijv. boom~s)	rot (en)	['rʊt]
schors (de)	bark (en)	['bark]
mos (het)	mossa (en)	['mɔsa]

ontwortelen (een boom)	att rycka upp med rötterna	[at 'rʏka up me 'rœttɛ:ŋa]
kappen (een boom ~)	att fälla	[at 'fɛlʲa]
ontbossen (ww)	att hugga ner	[at 'huga ner]
stronk (de)	stubbe (en)	['stubə]

kampvuur (het)	bål (ett)	['bo:lʲ]
bosbrand (de)	skogsbrand (en)	['skʊgs͵brand]
blussen (ww)	att släcka	[at 'slʲɛka]

boswachter (de)	skogsvakt (en)	['skʊgs͵vakt]
bescherming (de)	värn, skydd (ett)	['væ:n], [ʃyd]
beschermen (bijv. de natuur ~)	att skydda	[at 'ʃʏda]
stroper (de)	tjuvskytt (en)	['ɕʉ:v͵ʃʏt]
val (de)	sax (en)	['saks]

| plukken (vruchten, enz.) | att plocka | [at 'plʲɔka] |
| verdwalen (de weg kwijt zijn) | att gå vilse | [at 'go: 'vilʲsə] |

132. Natuurlijke hulpbronnen

natuurlijke rijkdommen (mv.)	naturresurser (pl)	[na'tʉ:r re'surʂer]
delfstoffen (mv.)	mineraler (pl)	[mine'ralʲer]
lagen (mv.)	fyndigheter (pl)	['fʏndi͵hetər]
veld (bijv. olie~)	fält (ett)	['fɛlʲt]

winnen (uit erts ~)	att utvinna	[at 'ʉt͵vina]
winning (de)	utvinning (en)	['ʉt͵viniŋ]
erts (het)	malm (en)	['malʲm]
mijn (bijv. kolenmijn)	gruva (en)	['grʉva]
mijnschacht (de)	gruvschakt (ett)	['grʉ:v͵ʃakt]
mijnwerker (de)	gruvarbetare (en)	['grʉ:v͵ar'betarə]
gas (het)	gas (en)	['gas]
gasleiding (de)	gasledning (en)	['gas͵lʲedniŋ]

olie (aardolie)	olja (en)	['ɔlja]
olieleiding (de)	oljeledning (en)	['ɔljəˌlʲedniŋ]
oliebron (de)	oljekälla (en)	['ɔljəˌɕæla]
boortoren (de)	borrtorn (ett)	['bɔrˌtʉːn]
tanker (de)	tankfartyg (ett)	['taŋkˌfaːˈtyg]

zand (het)	sand (en)	['sand]
kalksteen (de)	kalksten (en)	[kalʲkˌsten]
grind (het)	grus (ett)	['grʉːs]
veen (het)	torv (en)	['tɔrv]
klei (de)	lera (en)	['lʲera]
steenkool (de)	kol (ett)	['kɔlʲ]

IJzer (het)	järn (ett)	['jæːn]
goud (het)	guld (ett)	['gulʲd]
zilver (het)	silver (ett)	['silʲvər]
nikkel (het)	nickel (en)	['nikəlʲ]
koper (het)	koppar (en)	['kopar]

zink (het)	zink (en)	['siŋk]
mangaan (het)	mangan (en)	[manˈgan]
kwik (het)	kvicksilver (ett)	['kvikˌsilʲvər]
lood (het)	bly (ett)	['blʲy]

mineraal (het)	mineral (ett)	[minəˈralʲ]
kristal (het)	kristall (en)	[kriˈstalʲ]
marmer (het)	marmor (en)	['marmʊr]
uraan (het)	uran (ett)	[ʉˈran]

De Aarde. Deel 2

133. Weer

weer (het)	väder (ett)	['vɛ:dər]
weersvoorspelling (de)	väderprognos (en)	['vɛ:dər‚prɔg'nɔ:s]
temperatuur (de)	temperatur (en)	[tɛmpəra'tʉ:r]
thermometer (de)	termometer (en)	[tɛrmʊ'metər]
barometer (de)	barometer (en)	[barʊ'metər]
vochtig (bn)	fuktig	['fu:ktig]
vochtigheid (de)	fuktighet (en)	['fu:ktig‚het]
hitte (de)	hetta (en)	['hɛta]
heet (bn)	het	['het]
het is heet	det är hett	[dɛ æ:r 'hɛt]
het is warm	det är varmt	[dɛ æ:r varmt]
warm (bn)	varm	['varm]
het is koud	det är kallt	[dɛ æ:r 'kalʲt]
koud (bn)	kall	['kalʲ]
zon (de)	sol (en)	['sʊlʲ]
schijnen (de zon)	att skina	[at 'ɧina]
zonnig (~e dag)	solig	['sʊlig]
opgaan (ov. de zon)	att gå upp	[at 'go: 'up]
ondergaan (ww)	att gå ner	[at 'go: ‚ner]
wolk (de)	moln (ett), sky (en)	['mɔlʲn], ['ɧy]
bewolkt (bn)	molnig	['mɔlʲnig]
regenwolk (de)	regnmoln (ett)	['rɛgn‚mɔlʲn]
somber (bn)	mörk, mulen	['mœ:rk], ['mʉ:lʲen]
regen (de)	regn (ett)	['rɛgn]
het regent	det regnar	[dɛ 'rɛgnar]
regenachtig (bn)	regnväders-	['rɛgn‚vɛdəʂ-]
motregenen (ww)	att duggregna	[at 'dug‚rɛgna]
plensbui (de)	hällande regn (ett)	['hɛlʲandə 'rɛgn]
stortbui (de)	spöregn (ett)	['spø:‚rɛgn]
hard (bn)	kraftigt, häftigt	['kraftigt], ['hɛftigt]
plas (de)	pöl, vattenpuss (en)	['pø:lʲ], ['vatən‚pus]
nat worden (ww)	att bli våt	[at bli 'vo:t]
mist (de)	dimma (en)	['dima]
mistig (bn)	dimmig	['dimig]
sneeuw (de)	snö (en)	['snø:]
het sneeuwt	det snöar	[dɛ 'snø:ar]

134. Zwaar weer. Natuurrampen

noodweer (storm)	åskväder (ett)	['ɔsk‚vɛdər]
bliksem (de)	blixt (en)	['blikst]
flitsen (ww)	att blixtra	[at 'blikstra]
donder (de)	åska (en)	['ɔska]
donderen (ww)	att åska	[at 'ɔska]
het dondert	det åskar	[dɛ 'ɔskar]
hagel (de)	hagel (ett)	['hagəlʲ]
het hagelt	det haglar	[dɛ 'haglʲar]
overstromen (ww)	att översvämma	[at 'ø:və‚svɛma]
overstroming (de)	översvämning (en)	['ø:və‚svɛmniŋ]
aardbeving (de)	jordskalv (ett)	['jʊːd‚skalv]
aardschok (de)	skalv (ett)	['skalʲv]
epicentrum (het)	epicentrum (ett)	[ɛpi'sɛntrum]
uitbarsting (de)	utbrott (ett)	['ʉt‚brɔt]
lava (de)	lava (en)	['lʲava]
wervelwind (de)	tromb (en)	['trɔmb]
windhoos (de)	tornado (en)	[tʊ'ŋadʉ]
tyfoon (de)	tyfon (en)	[ty'fɔn]
orkaan (de)	orkan (en)	[ɔr'kan]
storm (de)	storm (en)	['stɔrm]
tsunami (de)	tsunami (en)	[tsu'nami]
cycloon (de)	cyklon (en)	[tsʏ'klʲɔn]
onweer (het)	oväder (ett)	[ʊː'vɛːdər]
brand (de)	brand (en)	['brand]
ramp (de)	katastrof (en)	[kata'strɔf]
meteoriet (de)	meteorit (en)	[meteʊ'rit]
lawine (de)	lavin (en)	[lʲa'vin]
sneeuwverschuiving (de)	snöskred, snöras (ett)	['snøː‚skred], ['snøː‚ras]
sneeuwjacht (de)	snöstorm (en)	['snøː‚stɔrm]
sneeuwstorm (de)	snöstorm (en)	['snøː‚stɔrm]

Fauna

135. Zoogdieren. Roofdieren

roofdier (het)	rovdjur (ett)	['rʊvˌjɵːr]
tijger (de)	tiger (en)	['tigər]
leeuw (de)	lejon (ett)	['lʲejɔn]
wolf (de)	ulv (en)	['ulʲv]
vos (de)	räv (en)	['rɛːv]
jaguar (de)	jaguar (en)	[jaguar]
luipaard (de)	leopard (en)	[lʲeʊ'paːd]
jachtluipaard (de)	gepard (en)	[je'paːd]
panter (de)	panter (en)	['pantər]
poema (de)	puma (en)	['pɵːma]
sneeuwluipaard (de)	snöleopard (en)	['snø: lʲeʊ'paːd]
lynx (de)	lodjur (ett), lo (en)	['lʲuˌjɵːr], ['lʲʊ]
coyote (de)	koyot, prärievarg (en)	[kɔ'jʊt], ['præːrieˌvarj]
jakhals (de)	sjakal (en)	[ɧa'kalʲ]
hyena (de)	hyena (en)	[hy'ena]

136. Wilde dieren

dier (het)	djur (ett)	['jɵːr]
beest (het)	best (en), djur (ett)	['bɛst], ['jɵːr]
eekhoorn (de)	ekorre (en)	['ɛkɔrə]
egel (de)	igelkott (en)	['igəlʲ ˌkɔt]
haas (de)	hare (en)	['harə]
konijn (het)	kanin (en)	[ka'nin]
das (de)	grävling (en)	['grɛvliŋ]
wasbeer (de)	tvättbjörn (en)	['tvætˌbjøːn]
hamster (de)	hamster (en)	['hamstər]
marmot (de)	murmeldjur (ett)	['murməlʲ jɵːr]
mol (de)	mullvad (en)	['mulʲ ˌvad]
muis (de)	mus (en)	['mɵːs]
rat (de)	råtta (en)	['rɔta]
vleermuis (de)	fladdermus (en)	['flʲadərˌmɵːs]
hermelijn (de)	hermelin (en)	[hɛrme'lin]
sabeldier (het)	sobel (en)	['sɔbəlʲ]
marter (de)	mård (en)	['moːd]
wezel (de)	vessla (en)	['vɛslʲa]
nerts (de)	mink (en)	['miŋk]

| bever (de) | bäver (en) | ['bɛ:vər] |
| otter (de) | utter (en) | ['ʉ:tər] |

paard (het)	häst (en)	['hɛst]
eland (de)	älg (en)	['ɛlj]
hert (het)	hjort (en)	['jʊ:t]
kameel (de)	kamel (en)	[ka'melʲ]

bizon (de)	bison (en)	['bisɔn]
oeros (de)	uroxe (en)	['ʉˌroksə]
buffel (de)	buffel (en)	['bufəlʲ]

zebra (de)	sebra (en)	['sebra]
antilope (de)	antilop (en)	[anti'lʲʊp]
ree (de)	rådjur (ett)	['rɔːjʉ:r]
damhert (het)	dovhjort (en)	['dɔvjʊ:t]
gems (de)	gems (en)	['jɛms]
everzwijn (het)	vildsvin (ett)	['vilʲdˌsvin]

walvis (de)	val (en)	['valʲ]
rob (de)	säl (en)	['sɛ:lʲ]
walrus (de)	valross (en)	['valʲˌrɔs]
zeehond (de)	pälssäl (en)	['pɛlʲsˌsɛlʲ]
dolfijn (de)	delfin (en)	[dɛlʲˈfin]

beer (de)	björn (en)	['bjø:ŋ]
IJsbeer (de)	isbjörn (en)	['isˌbjø:ŋ]
panda (de)	panda (en)	['panda]

aap (de)	apa (en)	['apa]
chimpansee (de)	schimpans (en)	[ɧim'pans]
orang-oetan (de)	orangutang (en)	[ʊ'raŋgʊˌtaŋ]
gorilla (de)	gorilla (en)	[gɔ'rilʲa]
makaak (de)	makak (en)	[ma'kak]
gibbon (de)	gibbon (en)	[gi'bʊn]

olifant (de)	elefant (en)	[ɛlʲe'fant]
neushoorn (de)	noshörning (en)	['nʊsˌhø:ŋiŋ]
giraffe (de)	giraff (en)	[ɧi'raf]
nijlpaard (het)	flodhäst (en)	['flʲʊdˌhɛst]

| kangoeroe (de) | känguru (en) | ['ɕɛngurʊ] |
| koala (de) | koala (en) | [kʊ'alʲa] |

mangoest (de)	mangust, mungo (en)	['mangust], ['muŋgʊ]
chinchilla (de)	chinchilla (en)	[ɧin'ɧilʲa]
stinkdier (het)	skunk (en)	['skuŋk]
stekelvarken (het)	piggsvin (ett)	['pigˌsvin]

137. Huisdieren

poes (de)	katt (en)	['kat]
kater (de)	hankatt (en)	['hanˌkat]
hond (de)	hund (en)	['hund]

paard (het)	**häst (en)**	['hɛst]
hengst (de)	**hingst (en)**	['hiŋst]
merrie (de)	**sto (ett)**	['stʊ:]

koe (de)	**ko (en)**	['kɔ:]
stier (de)	**tjur (en)**	['ɕɵ:r]
os (de)	**oxe (en)**	['ʊksə]

schaap (het)	**får (ett)**	['fo:r]
ram (de)	**bagge (en)**	['bagə]
geit (de)	**get (en)**	['jet]
bok (de)	**getabock (en)**	['jeta‚bɔk]

ezel (de)	**åsna (en)**	['ɔsna]
muilezel (de)	**mula (en)**	['mɵlʲa]

varken (het)	**svin (ett)**	['svin]
biggetje (het)	**griskulting (en)**	['gris‚kulʲtiŋ]
konijn (het)	**kanin (en)**	[ka'nin]

kip (de)	**höna (en)**	['hø:na]
haan (de)	**tupp (en)**	['tup]

eend (de)	**anka (en)**	['aŋka]
woerd (de)	**andrik, andrake (en)**	['andrik], ['andrakə]
gans (de)	**gås (en)**	['go:s]

kalkoen haan (de)	**kalkontupp (en)**	[kalʲ'kʊn‚tup]
kalkoen (de)	**kalkonhöna (en)**	[kalʲ'kʊn‚hø:na]

huisdieren (mv.)	**husdjur (pl)**	['hɵs‚jɵ:r]
tam (bijv. hamster)	**tam**	['tam]
temmen (tam maken)	**att tämja**	[at 'tɛmja]
fokken (bijv. paarden ~)	**att avla, att föda upp**	[at 'avlʲa], [at 'fø:da up]

boerderij (de)	**farm, lantgård (en)**	[farm], ['lʲant‚go:d]
gevogelte (het)	**fjäderfä (ett)**	['fjɛ:dər‚fɛ:]
rundvee (het)	**boskap (en)**	['bʊskap]
kudde (de)	**hjord (en)**	['jʊ:d]

paardenstal (de)	**stall (ett)**	['stalʲ]
zwijnenstal (de)	**svinstia (en)**	['svin‚stia]
koeienstal (de)	**ladugård (en), kostall (ett)**	['lʲadɵ‚go:d], ['kostalʲ]
konijnenhok (het)	**kaninbur (en)**	[ka'nin‚bɵ:r]
kippenhok (het)	**hönshus (ett)**	['hø:ns‚hɵs]

138. Vogels

vogel (de)	**fågel (en)**	['fo:gəlʲ]
duif (de)	**duva (en)**	['dɵ:va]
mus (de)	**sparv (en)**	['sparv]
koolmees (de)	**talgoxe (en)**	['talʲʊksə]
ekster (de)	**skata (en)**	['skata]
raaf (de)	**korp (en)**	['korp]

kraai (de)	kråka (en)	['kro:ka]
kauw (de)	kaja (en)	['kaja]
roek (de)	råka (en)	['ro:ka]
eend (de)	anka (en)	['aŋka]
gans (de)	gås (en)	['go:s]
fazant (de)	fasan (en)	[fa'san]
arend (de)	örn (en)	['ø:n̩]
havik (de)	hök (en)	['hø:k]
valk (de)	falk (en)	['falʲk]
gier (de)	gam (en)	['gam]
condor (de)	kondor (en)	['kɔn̩ˌdor]
zwaan (de)	svan (en)	['svan]
kraanvogel (de)	trana (en)	['trana]
ooievaar (de)	stork (en)	['stɔrk]
papegaai (de)	papegoja (en)	[pape'gɔja]
kolibrie (de)	kolibri (en)	['kɔlibri]
pauw (de)	påfågel (en)	['po:ˌfo:gəlʲ]
struisvogel (de)	struts (en)	['struts]
reiger (de)	häger (en)	['hɛ:gər]
flamingo (de)	flamingo (en)	[flʲa'mingɔ]
pelikaan (de)	pelikan (en)	[peli'kan]
nachtegaal (de)	näktergal (en)	['nɛktəˌgalʲ]
zwaluw (de)	svala (en)	['svalʲa]
lijster (de)	trast (en)	['trast]
zanglijster (de)	sångtrast (en)	['sɔŋˌtrast]
merel (de)	koltrast (en)	['kɔlʲˌtrast]
gierzwaluw (de)	tornseglare, tornsvala (en)	['tu:n̩ˌseglarə], ['tu:n̩ˌsvalʲa]
leeuwerik (de)	lärka (en)	['lʲæ:rka]
kwartel (de)	vaktel (en)	['vaktəlʲ]
specht (de)	hackspett (en)	['hakˌspet]
koekoek (de)	gök (en)	['jø:k]
uil (de)	uggla (en)	['uglʲa]
oehoe (de)	berguv (en)	['bɛrjˌʉ:v]
auerhoen (het)	tjäder (en)	['ɕɛ:dər]
korhoen (het)	orre (en)	['ɔrə]
patrijs (de)	rapphöna (en)	['rapˌhø:na]
spreeuw (de)	stare (en)	['starə]
kanarie (de)	kanariefågel (en)	[ka'nariəˌfo:gəlʲ]
hazelhoen (het)	järpe (en)	['jæ:rpə]
vink (de)	bofink (en)	['bʊˌfiŋk]
goudvink (de)	domherre (en)	['dʊmhɛrə]
meeuw (de)	mås (en)	['mo:s]
albatros (de)	albatross (en)	['alʲbaˌtrɔs]
pinguïn (de)	pingvin (en)	[piŋ'vin]

139. Vis. Zeedieren

brasem (de)	brax (en)	['braks]
karper (de)	karp (en)	['karp]
baars (de)	ábborre (en)	['abɔrə]
meerval (de)	mal (en)	['malʲ]
snoek (de)	gädda (en)	['jɛda]
zalm (de)	lax (en)	['lʲaks]
steur (de)	stör (en)	['stø:r]
haring (de)	sill (en)	['silʲ]
atlantische zalm (de)	atlanterhavslax (en)	[at'lantərhav,lʲaks]
makreel (de)	makrill (en)	['makrilʲ]
platvis (de)	rödspätta (en)	['rø:d,spæta]
snoekbaars (de)	gös (en)	['jø:s]
kabeljauw (de)	torsk (en)	['tɔ:ʂk]
tonijn (de)	tonfisk (en)	['tʊn,fisk]
forel (de)	öring (en)	['ø:riŋ]
paling (de)	ål (en)	['o:lʲ]
sidderrog (de)	elektrisk rocka (en)	[ɛ'lʲektrisk,rɔka]
murene (de)	muräna (en)	[mʉ'rɛna]
piranha (de)	piraya (en)	[pi'raja]
haai (de)	haj (en)	['haj]
dolfijn (de)	delfin (en)	[dɛlʲ'fin]
walvis (de)	val (en)	['valʲ]
krab (de)	krabba (en)	['kraba]
kwal (de)	manet, medusa (en)	[ma'net], [me'dʉsa]
octopus (de)	bläckfisk (en)	['blʲɛk,fisk]
zeester (de)	sjöstjärna (en)	['ɧø:,ɧæ:na]
zee-egel (de)	sjöpiggsvin (ett)	['ɧø:,pigsvin]
zeepaardje (het)	sjöhäst (en)	['ɧø:,hɛst]
oester (de)	ostron (ett)	['ʊstrʊn]
garnaal (de)	räka (en)	['rɛ:ka]
kreeft (de)	hummer (en)	['humər]
langoest (de)	languster (en)	[lʲaŋ'gustər]

140. Amfibieën. Reptielen

slang (de)	orm (en)	['ʊrm]
giftig (slang)	giftig	['jiftig]
adder (de)	huggorm (en)	['hʉg,ʊrm]
cobra (de)	kobra (en)	['kɔbra]
python (de)	pytonorm (en)	[py'tɔn,ʊrm]
boa (de)	boaorm (en)	['bʉa,ʊrm]
ringslang (de)	snok (en)	['snʊk]

| ratelslang (de) | skallerorm (en) | ['skalʲerˌʊrm] |
| anaconda (de) | anaconda (en) | [ana'kɔnda] |

hagedis (de)	ödla (en)	['ødlʲa]
leguaan (de)	iguana (en)	[igu'ana]
varaan (de)	varan (en)	[va'ran]
salamander (de)	salamander (en)	[salʲa'mandər]
kameleon (de)	kameleont (en)	[kamelʲe'ɔnt]
schorpioen (de)	skorpion (en)	[skɔrpi'ʊn]

schildpad (de)	sköldpadda (en)	['ɧœlʲdˌpada]
kikker (de)	groda (en)	['grʊda]
pad (de)	padda (en)	['pada]
krokodil (de)	krokodil (en)	[krɔkɔ'dilʲ]

141. Insecten

insect (het)	insekt (en)	['insɛkt]
vlinder (de)	fjäril (en)	['fʲæːrilʲ]
mier (de)	myra (en)	['myra]
vlieg (de)	fluga (en)	['flʉːga]
mug (de)	mygga (en)	['mʏga]
kever (de)	skalbagge (en)	['skalʲˌbagə]

wesp (de)	geting (en)	['jɛtiŋ]
bij (de)	bi (ett)	['bi]
hommel (de)	humla (en)	['humlʲa]
horzel (de)	styngfluga (en)	['stʏŋˌflʉːga]

| spin (de) | spindel (en) | ['spindəlʲ] |
| spinnenweb (het) | spindelnät (ett) | ['spindəlˌnɛːt] |

libel (de)	trollslända (en)	['trɔlʲˌslʲɛnda]
sprinkhaan (de)	gräshoppa (en)	['grɛsˌhɔpa]
nachtvlinder (de)	nattfjäril (en)	['natˌfʲæːrilʲ]

kakkerlak (de)	kackerlacka (en)	['kakɛːˌlʲaka]
mijt (de)	fästing (en)	['fɛstiŋ]
vlo (de)	loppa (en)	['lʲɔpa]
kriebelmug (de)	knott (ett)	['knɔt]

treksprinkhaan (de)	vandringsgräshoppa (en)	['vandriŋˌgrɛs'hɔparə]
slak (de)	snigel (en)	['snigəlʲ]
krekel (de)	syrsa (en)	['syʂa]
glimworm (de)	lysmask (en)	['lʲysˌmask]
lieveheersbeestje (het)	nyckelpiga (en)	['nʏkəlʲˌpiga]
meikever (de)	ollonborre (en)	['ɔlʲɔnˌbɔrə]

bloedzuiger (de)	igel (en)	['iːgəlʲ]
rups (de)	fjärilslarv (en)	['fʲæːrilʲsˌlʲarv]
aardworm (de)	daggmask (en)	['dagˌmask]
larve (de)	larv (en)	['lʲarv]

Flora

142. Bomen

boom (de)	träd (ett)	['trɛ:d]
loof- (abn)	löv-	['lʲø:v-]
dennen- (abn)	barr-	['bar-]
groenblijvend (bn)	eviggrönt	['ɛvi,grœnt]
appelboom (de)	äppelträd (ett)	['ɛpelʲ,trɛd]
perenboom (de)	päronträd (ett)	['pæ:rɔn,trɛd]
zure kers (de)	körsbärsträd (ett)	['ɕø:ʂbæ:ʂ,trɛd]
pruimelaar (de)	plommonträd (ett)	['plʲumɔn,trɛd]
berk (de)	björk (en)	['bjœrk]
eik (de)	ek (en)	['ɛk]
linde (de)	lind (en)	['lind]
esp (de)	asp (en)	['asp]
esdoorn (de)	lönn (en)	['lʲøn]
spar (de)	gran (en)	['gran]
den (de)	tall (en)	['talʲ]
lariks (de)	lärk (en)	['lʲæ:rk]
zilverspar (de)	silvergran (en)	['silʲvər,gran]
ceder (de)	ceder (en)	['sedər]
populier (de)	poppel (en)	['popəlʲ]
lijsterbes (de)	rönn (en)	['rœn]
wilg (de)	pil (en)	['pilʲ]
els (de)	al (en)	['alʲ]
beuk (de)	bok (en)	['bʊk]
iep (de)	alm (en)	['alʲm]
es (de)	ask (en)	['ask]
kastanje (de)	kastanjeträd (ett)	[ka'stanjə,trɛd]
magnolia (de)	magnolia (en)	[maŋ'nʊlia]
palm (de)	palm (en)	['palʲm]
cipres (de)	cypress (en)	[sʏ'prɛs]
mangrove (de)	mangroveträd (ett)	[maŋ'rɔvə,trɛd]
baobab (apenbroodboom)	apbrödsträd (ett)	['apbrøds,trɛd]
eucalyptus (de)	eukalyptus (en)	[euka'lʲyptʉs]
mammoetboom (de)	sequoia (en)	[sek'vɔja]

143. Heesters

struik (de)	buske (en)	['buskə]
heester (de)	buske (en)	['buskə]

| wijnstok (de) | vinranka (en) | ['vin‚raŋka] |
| wijngaard (de) | vingård (en) | ['vin‚go:d] |

frambozenstruik (de)	hallonsnår (ett)	['halˡɔn‚sno:r]
zwarte bes (de)	svarta vinbär (ett)	['sva:ʈa 'vinbæ:r]
rode bessenstruik (de)	röd vinbärsbuske (en)	['rø:d 'vinbæ:ʂ‚buskə]
kruisbessenstruik (de)	krusbärsbuske (en)	['krʉ:sbæ:ʂ‚buskə]

acacia (de)	akacia (en)	[a'kasia]
zuurbes (de)	berberis (en)	['bɛrberis]
jasmijn (de)	jasmin (en)	[has'min]

jeneverbes (de)	en (en)	['en]
rozenstruik (de)	rosenbuske (en)	['rʉsən‚buskə]
hondsroos (de)	stenros, hundros (en)	['stenrʊs], ['hundrʊs]

144. Vruchten. Bessen

vrucht (de)	frukt (en)	['frʉkt]
vruchten (mv.)	frukter (pl)	['frʉktər]
appel (de)	äpple (ett)	['ɛplˡe]
peer (de)	päron (ett)	['pæ:rɔn]
pruim (de)	plommon (ett)	['plˡʉmɔn]

aardbei (de)	jordgubbe (en)	['jʉ:d̪‚gube]
zure kers (de)	körsbär (ett)	['çø:ʂ‚bæ:r]
zoete kers (de)	fågelbär (ett)	['fo:gəlˡ‚bæ:r]
druif (de)	druva (en)	['drʉ:va]

framboos (de)	hallon (ett)	['halˡɔn]
zwarte bes (de)	svarta vinbär (ett)	['sva:ʈa 'vinbæ:r]
rode bes (de)	röda vinbär (ett)	['rø:da 'vinbæ:r]
kruisbes (de)	krusbär (ett)	['krʉ:s‚bæ:r]
veenbes (de)	tranbär (ett)	['tran‚bæ:r]

sinaasappel (de)	apelsin (en)	[apɛlˡ'sin]
mandarijn (de)	mandarin (en)	[manda'rin]
ananas (de)	ananas (en)	['ananas]

| banaan (de) | banan (en) | ['banan] |
| dadel (de) | dadel (en) | ['dadəlˡ] |

citroen (de)	citron (en)	[si'trʊn]
abrikoos (de)	aprikos (en)	[apri'kʊs]
perzik (de)	persika (en)	['pɛʂika]

| kiwi (de) | kiwi (en) | ['kivi] |
| grapefruit (de) | grapefrukt (en) | ['grɛjp‚frʉkt] |

bes (de)	bär (ett)	['bæ:r]
bessen (mv.)	bär (pl)	['bæ:r]
vossenbes (de)	lingon (ett)	['liŋɔn]
bosaardbei (de)	skogssmultron (ett)	['skʊgs‚smulˡtro:n]
bosbes (de)	blåbär (ett)	['blˡo:‚bæ:r]

145. Bloemen. Planten

bloem (de)	blomma (en)	['blʉma]
boeket (het)	bukett (en)	[bʉ'kɛt]
roos (de)	ros (en)	['rʊs]
tulp (de)	tulpan (en)	[tulʲ'pan]
anjer (de)	nejlika (en)	['nɛjlika]
gladiool (de)	gladiolus (en)	[glʲadi'ɔlʉ:s]
korenbloem (de)	blåklint (en)	['blʲoːˌklint]
klokje (het)	blåklocka (en)	['blʲoːˌklʲɔka]
paardenbloem (de)	maskros (en)	['maskrʊs]
kamille (de)	kamomill (en)	[kamɔ'milʲ]
aloë (de)	aloe (en)	['alʲʊe]
cactus (de)	kaktus (en)	['kaktus]
ficus (de)	fikus (en)	['fikus]
lelie (de)	lilja (en)	['lilja]
geranium (de)	geranium (en)	[je'ranium]
hyacint (de)	hyacint (en)	[hya'sint]
mimosa (de)	mimosa (en)	[mi'mɔːsa]
narcis (de)	narciss (en)	[nar'sis]
Oostindische kers (de)	blomsterkrasse (en)	['blʲomstərˌkrasə]
orchidee (de)	orkidé (en)	[ɔrki'deː]
pioenroos (de)	pion (en)	[pi'ʊn]
viooltje (het)	viol (en)	[vi'ʊlʲ]
driekleurig viooltje (het)	styvmorsviol (en)	['styvmʊrs vi'ʊlʲ]
vergeet-mij-nietje (het)	förgätmigej (en)	[føˌrʲæt mi 'gej]
madeliefje (het)	tusensköna (en)	['tʉːsənˌɧøːna]
papaver (de)	vallmo (en)	['valʲmʊ]
hennep (de)	hampa (en)	['hampa]
munt (de)	mynta (en)	['mʏnta]
lelietje-van-dalen (het)	liljekonvalje (en)	['lilje kʊn 'valjə]
sneeuwklokje (het)	snödropp (en)	['snøːˌdrop]
brandnetel (de)	nässla (en)	['nɛslʲa]
veldzuring (de)	syra (en)	['syra]
waterlelie (de)	näckros (en)	['nɛkrʊs]
varen (de)	ormbunke (en)	['ʊrmˌbuŋkə]
korstmos (het)	lav (en)	['lʲav]
oranjerie (de)	drivhus (ett)	['drivˌhʉs]
gazon (het)	gräsplan, gräsmatta (en)	['grɛsˌplan], ['grɛsˌmata]
bloemperk (het)	blomsterrabatt (en)	['blʲomstərˌrabat]
plant (de)	växt (en)	['vɛkst]
gras (het)	gräs (ett)	['grɛːs]
grasspriet (de)	grässtrå (ett)	['grɛːsˌstroː]

blad (het)	löv (ett)	['lʲøːv]
bloemblad (het)	kronblad (ett)	['krɔnˌblʲad]
stengel (de)	stjälk (en)	['ɧɛlʲk]
knol (de)	rotknöl (en)	['rʊtˌknøːlʲ]

| scheut (de) | ung planta (en) | ['uŋ 'planta] |
| doorn (de) | törne (ett) | ['tøːɳə] |

bloeien (ww)	att blomma	[at 'blʲʊma]
verwelken (ww)	att vissna	[at 'visna]
geur (de)	lukt (en)	['lʉkt]
snijden (bijv. bloemen ~)	att skära av	[at 'ɧæːra av]
plukken (bloemen ~)	att plocka	[at 'plʲɔka]

146. Granen, graankorrels

graan (het)	korn, spannmål (ett)	['kʊːɳ], ['spanˌmoːlʲ]
graangewassen (mv.)	spannmål (ett)	['spanˌmoːlʲ]
aar (de)	ax (ett)	['aks]

tarwe (de)	vete (ett)	['vetə]
rogge (de)	råg (en)	['roːg]
haver (de)	havre (en)	['havrə]
gierst (de)	hirs (en)	['hyʂ]
gerst (de)	korn (ett)	['kʊːɳ]

maïs (de)	majs (en)	['majs]
rijst (de)	ris (ett)	['ris]
boekweit (de)	bovete (ett)	['bʊˌvetə]

erwt (de)	ärt (en)	['æːt]
boon (de)	böna (en)	['bøna]
soja (de)	soja (en)	['sɔja]
linze (de)	lins (en)	['lins]
bonen (mv.)	bönor (pl)	['bønʊr]

LANDEN. NATIONALITEITEN

147. West-Europa

Europa (het)	Europa	[eu'rʊpa]
Europese Unie (de)	Europeiska unionen	[eurʊ'peiska un'jʊnən]
Oostenrijk (het)	Österrike	['œstɛˌrikə]
Groot-Brittannië (het)	Storbritannien	['stʊrˌbri'taniən]
Engeland (het)	England	['ɛŋlʲand]
België (het)	Belgien	['bɛlʲgiən]
Duitsland (het)	Tyskland	['tʏsklʲand]
Nederland (het)	Nederländerna	['nedɛːˌlʲɛndɛːŋa]
Holland (het)	Holland	['hɔlʲand]
Griekenland (het)	Grekland	['greklʲand]
Denemarken (het)	Danmark	['daŋmark]
Ierland (het)	Irland	['ilʲand]
IJsland (het)	Island	['islʲand]
Spanje (het)	Spanien	['spaniən]
Italië (het)	Italien	[i'taliən]
Cyprus (het)	Cypern	['sypɛːŋ]
Malta (het)	Malta	['malʲta]
Noorwegen (het)	Norge	['nɔrjə]
Portugal (het)	Portugal	['pɔːʈugalʲ]
Finland (het)	Finland	['finlʲand]
Frankrijk (het)	Frankrike	['fraŋkrikə]
Zweden (het)	Sverige	['svɛrijə]
Zwitserland (het)	Schweiz	['ʃvɛjts]
Schotland (het)	Skottland	['skɔtlʲand]
Vaticaanstad (de)	Vatikanstaten	[vati'kanˌstatən]
Liechtenstein (het)	Liechtenstein	['lihtənstajn]
Luxemburg (het)	Luxemburg	['lʉksəmˌburj]
Monaco (het)	Monaco	['mɔnakɔ]

148. Centraal- en Oost-Europa

Albanië (het)	Albanien	[alʲ'baniən]
Bulgarije (het)	Bulgarien	[bʉlʲ'gariən]
Hongarije (het)	Ungern	['uŋɛːŋ]
Letland (het)	Lettland	['lʲetlʲand]
Litouwen (het)	Litauen	[li'tauən]
Polen (het)	Polen	['pɔlʲen]

Roemenië (het)	Rumänien	[ru'mɛ:niən]
Servië (het)	Serbien	['sɛrbiən]
Slowakije (het)	Slovakien	[slɔ'vakiən]

Kroatië (het)	Kroatien	[krʊ'atiən]
Tsjechië (het)	Tjeckien	['ɕɛkiən]
Estland (het)	Estland	['ɛstlʲand]

Bosnië en Herzegovina (het)	Bosnien-Hercegovina	['bɔsniən hɛrsəgɔ'vina]
Macedonië (het)	Makedonien	[make'dʊniən]
Slovenië (het)	Slovenien	[slɔ'veniən]
Montenegro (het)	Montenegro	['mɔntə‚nɛgrʊ]

149. Voormalige USSR landen

| Azerbeidzjan (het) | Azerbajdzjan | [asɛrbaj'dʒʲan] |
| Armenië (het) | Armenien | [ar'meniən] |

Wit-Rusland (het)	Vitryssland	['vit‚rʏslʲand]
Georgië (het)	Georgien	[je'ɔrgiən]
Kazakstan (het)	Kazakstan	[ka'sak‚stan]
Kirgizië (het)	Kirgizistan	[kir'gisi‚stan]
Moldavië (het)	Moldavien	[mʊlʲ'daviən]

| Rusland (het) | Ryssland | ['rʏslʲand] |
| Oekraïne (het) | Ukraina | [u'krajna] |

Tadzjikistan (het)	Tadzjikistan	[ta'dʒiki‚stan]
Turkmenistan (het)	Turkmenistan	[turk'meni‚stan]
Oezbekistan (het)	Uzbekistan	[us'beki‚stan]

150. Azië

Azië (het)	Asien	['asiən]
Vietnam (het)	Vietnam	['vjɛtnam]
India (het)	Indien	['indiən]
Israël (het)	Israel	['israəlʲ]

China (het)	Kina	['ɕina]
Libanon (het)	Libanon	['libanɔn]
Mongolië (het)	Mongoliet	[mʊngʊ'liet]

| Maleisië (het) | Malaysia | [ma'lʲajsia] |
| Pakistan (het) | Pakistan | ['paki‚stan] |

Saoedi-Arabië (het)	Saudiarabien	['saudi a'rabiən]
Thailand (het)	Thailand	['tajlʲand]
Taiwan (het)	Taiwan	[taj'van]
Turkije (het)	Turkiet	[turkiet]
Japan (het)	Japan	['japan]
Afghanistan (het)	Afghanistan	[afˈgani‚stan]
Bangladesh (het)	Bangladesh	[banglʲa'dɛʃ]

Indonesië (het)	**Indonesien**	[indʊ'nesiən]
Jordanië (het)	**Jordanien**	[jʊ:'dɑniən]
Irak (het)	**Irak**	[i'rak]
Iran (het)	**Iran**	[i'ran]
Cambodja (het)	**Kambodja**	[kam'bɔdja]
Koeweit (het)	**Kuwait**	[kʉ'vajt]
Laos (het)	**Laos**	['lʲaɔs]
Myanmar (het)	**Myanmar**	['mjanmar]
Nepal (het)	**Nepal**	[ne'palʲ]
Verenigde Arabische Emiraten	**Förenade arabrepubliken**	[fø'renadə a'rab repub'likən]
Syrië (het)	**Syrien**	['syriən]
Palestijnse autonomie (de)	**Palestina**	[palʲe'stina]
Zuid-Korea (het)	**Sydkorea**	['syd͵kʊ'rea]
Noord-Korea (het)	**Nordkorea**	['nʊːd͵ kʊ'rea]

151. Noord-Amerika

Verenigde Staten van Amerika	**Amerikas Förenta Stater**	[a'mɛrikas fø'rɛnta 'statər]
Canada (het)	**Kanada**	['kanada]
Mexico (het)	**Mexiko**	['mɛksikɔ]

152. Midden- en Zuid-Amerika

Argentinië (het)	**Argentina**	[argɛn'tina]
Brazilië (het)	**Brasilien**	[bra'siliən]
Colombia (het)	**Colombia**	[kɔ'lʲʊmbia]
Cuba (het)	**Kuba**	['kʉːba]
Chili (het)	**Chile**	['ɕiːlʲe]
Bolivia (het)	**Bolivia**	[bʊ'livia]
Venezuela (het)	**Venezuela**	[venesu'ɛlʲa]
Paraguay (het)	**Paraguay**	[parag'waj]
Peru (het)	**Peru**	[pɛ'rʉ]
Suriname (het)	**Surinam**	['sʉri͵nam]
Uruguay (het)	**Uruguay**	[ʉrug'waj]
Ecuador (het)	**Ecuador**	[ɛkva'dʊr]
Bahama's (mv.)	**Bahamas**	[ba'hamas]
Haïti (het)	**Haiti**	[ha'iti]
Dominicaanse Republiek (de)	**Dominikanska republiken**	[dɔmini'kanska repu'blikən]
Panama (het)	**Panama**	['panama]
Jamaica (het)	**Jamaica**	[ja'majka]

153. Afrika

Egypte (het)	**Egypten**	[e'jyptən]
Marokko (het)	**Marocko**	[ma'rɔkʉ]
Tunesië (het)	**Tunisien**	[tʉ'nisiən]
Ghana (het)	**Ghana**	['gana]
Zanzibar (het)	**Zanzibar**	['sansibar]
Kenia (het)	**Kenya**	['kenja]
Libië (het)	**Libyen**	['libiən]
Madagaskar (het)	**Madagaskar**	[mada'gaskar]
Namibië (het)	**Namibia**	[na'mibia]
Senegal (het)	**Senegal**	[sene'galʲ]
Tanzania (het)	**Tanzania**	[tansa'nija]
Zuid-Afrika (het)	**Republiken Sydafrika**	[repu'bliken 'syd͵afrika]

154. Australië. Oceanië

Australië (het)	**Australien**	[au'straliən]
Nieuw-Zeeland (het)	**Nya Zeeland**	['nya 'se:lʲand]
Tasmanië (het)	**Tasmanien**	[tas'maniən]
Frans-Polynesië	**Franska Polynesien**	['franska polʲy'nesiən]

155. Steden

Amsterdam	**Amsterdam**	['amstə͵dam]
Ankara	**Ankara**	['aŋkara]
Athene	**Aten**	[a'ten]
Bagdad	**Bagdad**	['bagdad]
Bangkok	**Bangkok**	['baŋkɔk]
Barcelona	**Barcelona**	[barsə'lʲona]
Beiroet	**Beirut**	['bejrut]
Berlijn	**Berlin**	[bɛr'lin]
Boedapest	**Budapest**	['bʉdapɛst]
Boekarest	**Bukarest**	['bʉkarɛst]
Bombay, Mumbai	**Bombay**	[bɔm'bɛj]
Bonn	**Bonn**	['bɔn]
Bordeaux	**Bordeaux**	[bɔ'dɔ:]
Bratislava	**Bratislava**	[brati'slʲava]
Brussel	**Bryssel**	['brysəlʲ]
Caïro	**Kairo**	['kajrʉ]
Calcutta	**Kalkutta**	[kalʲ'kʉta]
Chicago	**Chicago**	[ɕi'kagʉ]
Dar Es Salaam	**Dar es-Salaam**	[dar ɛs sa'lʲam]
Delhi	**New Delhi**	[nju 'dɛlʲi]
Den Haag	**Haag**	['ha:g]

Dubai	**Dubai**	[dʉ'baj]
Dublin	**Dublin**	['dablin]
Düsseldorf	**Düsseldorf**	['dʉsəlʲ,dɔrf]
Florence	**Florens**	['flʲørɛns]

Frankfort	**Frankfurt**	['fraŋkfʉːt]
Genève	**Genève**	[ʒe'nɛv]
Hamburg	**Hamburg**	['hambʉrj]
Hanoi	**Hanoi**	[ha'nɔj]
Havana	**Havanna**	[ha'vana]

Helsinki	**Helsingfors**	['hɛlʲsiŋ,fɔːʂ]
Hiroshima	**Hiroshima**	[hirɔ'ʃima]
Hongkong	**Hongkong**	['hɔn,kɔn]
Istanbul	**Istanbul**	['istambʉlʲ]
Jeruzalem	**Jerusalem**	[je'rʉsalʲem]
Kiev	**Kiev**	['kiev]

Kopenhagen	**Köpenhamn**	['ɕøːpɛn,hamn]
Kuala Lumpur	**Kuala Lumpur**	[ku'alʲa 'lʉmpʉːr]
Lissabon	**Lissabon**	['lisabɔn]
Londen	**London**	['lʲɔndɔn]
Los Angeles	**Los Angeles**	[lʲɔs 'aŋəlʲes]

Lyon	**Lion**	[li'ɔn]
Madrid	**Madrid**	[ma'drid]
Marseille	**Marseille**	[ma'ʂɛj]
Mexico-Stad	**Mexico City**	['mɛksikɔ 'siti]
Miami	**Miami**	[ma'jami]

Montreal	**Montreal**	[mɔntre'ɔlʲ]
Moskou	**Moskva**	[mɔ'skva]
München	**München**	['mʉnɧən]
Nairobi	**Nairobi**	[naj'rɔːbi]
Napels	**Neapel**	[ne'apəlʲ]

New York	**New York**	[nju 'jork]
Nice	**Nice**	['nis]
Oslo	**Oslo**	['ʉslʲʉ]
Ottawa	**Ottawa**	['ɔtava]
Parijs	**Paris**	[pa'ris]

Peking	**Peking**	['pekiŋ]
Praag	**Prag**	['prag]
Rio de Janeiro	**Rio de Janeiro**	['riʉ de ʃa'nɛjrʉ]
Rome	**Rom**	['rɔm]
Seoel	**Söul**	[sœʉlʲ]
Singapore	**Singapore**	['siŋapʉr]

Sint-Petersburg	**Sankt Petersburg**	['saŋkt 'peteʂ,burj]
Sjanghai	**Shanghai**	[ʃan'haj]
Stockholm	**Stockholm**	['stɔkɔlʲm]
Sydney	**Sydney**	['sidni]
Taipei	**Taipei**	[taj'pɛj]
Tokio	**Tokyo**	['tɔkiʉ]
Toronto	**Toronto**	[tɔ'rɔntʉ]

Venetië	**Venedig**	[ve'nedig]
Warschau	**Warszawa**	[va:'ʂava]
Washington	**Washington**	['wɔʃiŋtɔn]
Wenen	**Wien**	['ve:n]

www.ingramcontent.com/pod-product-compliance
Lightning Source LLC
Chambersburg PA
CBHW070553050426
42450CB00011B/2848